从采购升级为供应链管理

供应链转型五维法则

黄太阳　韩思旭 ◎ 著

化学工业出版社

·北京·

内 容 简 介

《从采购升级为供应链管理：供应链转型五维法则》聚焦于企业供应链转型这一关键议题，深入剖析当下供应链变革的趋势。

书中首先揭示了企业供应链转型面临的困境，从政策导向、采购痛点等多方面阐述转型的必要性与方法论。接着，通过提出供应链转型"五维法则"等多种研究模型，助力读者构建系统性认知。书中详细剖析了供应链转型的五个维度，涵盖体系构建、模式升级、金融赋能、数字化工具运用及组织升级。

本书兼具专业思维与实操方法，以通俗易懂的语言和丰富案例，为采购与供应链从业者、企业管理者等提供了极具价值的供应链转型指南，助力企业打造竞争力供应链，实现高质量发展。

图书在版编目（CIP）数据

从采购升级为供应链管理：供应链转型五维法则 /

黄太阳，韩思旭著 . -- 北京：化学工业出版社，2025.

5. -- ISBN 978-7-122-47665-4

Ⅰ. F274

中国国家版本馆 CIP 数据核字第 2025DA1143 号

责任编辑：刘　丹

责任校对：田睿涵　　　　　　　　装帧设计：仙境设计

出版发行：化学工业出版社 (北京市东城区青年湖南街 13 号　邮政编码 100011)

印　　装：三河市双峰印刷装订有限公司

710mm×1000mm　1/16　印张 13　字数 166 千字　2025 年 6 月北京第 1 版第 1 次印刷

购书咨询：010-64518888　　　　　　售后服务：010-64518899

网　　址：http://www.cip.com.cn

凡购买本书，如有缺损质量问题，本社销售中心负责调换。

定　　价：88.00 元　　　　　　　　　　　　　版权所有　违者必究

在当今这个快速变化的时代，供应链作为企业运营的核心环节，正经历着前所未有的变革。随着全球化的深入发展、技术的日新月异以及市场需求的不断变化，供应链管理已经不再是简单的物流、采购等单一功能的组合，而是演变成了一个涵盖计划、采购、生产、物流、销售等多个环节的复杂系统。这个系统的高效运作，直接关系到企业的竞争力、生存与发展。

然而，面对如此复杂多变的供应链环境，许多企业都感受到了前所未有的压力。传统的供应链管理模式已经难以满足现代企业的需求，转型与升级成为摆在众多企业面前的必然选择。其中的原因，既有外部环境的推动，如政策导向、市场竞争的加剧，也有企业内部的需求，如提高效率、降低成本、增强风险抵御能力等。

作为一名在采购与供应链领域工作了十五年的从业者，我深知这种转型的不易。我曾亲身经历过企业供应链管理的种种挑战，也见证过无数企业在转型路上的摸索与挣扎。我深感有责任将自己的经验与思考总结出来，为那些正在或即将踏上转型之路的企业提供一些有益参考。这便是本书创作的初衷。

我希望通过这本书，帮助读者全面了解当前供应链的发展状况，深刻理解转型的必然性和紧迫性，同时掌握一些实用的转型方法和策略。转型说起来简单，但做起来着实困难。从根本上说，供应链转型是一把手工程，需要具备全局观与整体观。然而，现在大多数企业的供应链部门都是由采购部门升级而来，其中难免会有诸多的惯性思维，对于供应链的认知，尚处于盲人摸象的阶段，普遍存在认知偏差。

本书深入探讨了新质生产力对供应链的要求、建筑供应链的概念与特征、链主的界定、供应链转型路径、供应链数字化实现方法、标准化建设策略、供应链金融应用场景、不同供应链组织架构对比以及供应链电商平台运营等关键话题。通过提出供应链转型"五维法则""7+4"工程价格体系、供应链价值闭环三大体系、"721"集采业务流、四大关键会议、数字供应链"174模型"、平台运营四大关键要素、运营成功三大评价标尺等研究模型，帮助读者构建对供应链的系统性认知。

具体来说，本书分为三个部分探讨供应链的转型之路。

第一部分围绕政策导向、采购的痛点、供应链发展新模式展开，揭示企业供应链转型面临的困境、确定性方向以及转型升级的方法论。无论是采购与供应链从业者，还是企业老板，都能从中获取有价值的信息，助力企业供应链转型升级。

第二部分深入剖析供应链转型的五个维度，即建体系、升模式、金融赋能、数字化工具、组织升级。供应链转型是一项系统化工程，需要建立全局性的系统认知，并结合企业实际情况，才能打造出具有竞争力的供应链体系。

第三部分针对建筑材料中的特殊品类，如隐蔽工程材料管材、半成品材料涂料、定制产品橱柜，阐述在供应链管理实施落地中的注意事项。由于每个品类都有其独特的行业特性，因此在供应链管理中需树立"一品一策"的思维理念。

本书既注重专业的思维认知，又强调实操方法。行文采用通俗易懂的语言，并穿插大量案例，便于读者快速消化书中知识，对照自身业务实现实操落地。

在此，衷心感谢为本书提供案例素材的粉丝朋友们，是你们的支持与贡献，让本书内容更加丰富、实用。

最后，希望本书能够成为读者朋友在供应链转型道路上的得力助手，共同推动行业的高质量发展。

著者

目录

CONTENTS

第一章　新格局：企业之间已是供应链的竞争

　　企业谋求转型、破局，若缺乏系统性供应链管理的支持，企业将难以顺应新时代的发展潮流。企业经营内外部的不确定性风险日益增多，对供应链的稳定性、安全性提出了更高要求，供应链转型升级是企业发展的内在必然要求。

))) 第一节　新质生产力为供应链指明方向

一、新质生产力驱动企业供应链重构

　　2023年9月，习近平总书记在黑龙江考察调研期间首次提出新质生产力的概念，强调整合科技创新资源，引领发展战略性新兴产业和未来产业，以加快形成新质生产力。这一概念是在全球化和信息化深入发展以及中国经济进入高质量发展阶段的背景下提出来的。

　　自改革开放以来，我国生产力水平实现了巨大跃升，国家的整体物质条件和社会福祉水平得到了大幅度提升。然而，随着我国经济进入新常态下的高质量发展阶段，传统的生产力形态已难以满足新时代的需求。新质生产力的提出，旨在通过科技创新引领发展战略性新兴产业和未来产业，加快形成新的经济增长点，推动我国经济实现高质量发展，提供更高品质的生活服务。

新质生产力是社会生产过程中涌现的、具备变革性和创新特质的生产力要素或形态，是推动经济社会发展的强大动力。它以劳动者、劳动资料、劳动对象及其优化组合的质变为基本内涵，以全要素生产率提升为核心标志。概括地说，新质生产力是创新起主导作用，摆脱传统经济增长方式、生产力发展路径，具有高科技、高效能、高质量特征，符合新发展理念的先进生产力质态。新质生产力的提出，不仅标志着我国在经济发展理念上的重大转变，而且体现了科技创新和数据应用在推动产业创新、提升全要素生产率中的核心作用，预示着中国经济未来发展的新方向。

新质生产力也为企业的供应链重构指明了方向。企业作为经济社会不可或缺的重要角色，在响应中国经济结构转型与高质量发展的迫切需求时，既要强化技术创新、产业升级与资源配置优化等方面的努力，又需对供应链管理体系进行深度重构与革新，以期全面提升供应链的运作效率与市场竞争力。

企业供应链重构是一个系统性的过程，需要从多个方面入手。具体来说，可以从以下五个关键方面入手。

1. 技术创新与应用

引入先进的信息技术：利用大数据、云计算、人工智能等技术手段，实现供应链的智能化管理；通过数据分析和预测，优化库存水平、减少库存积压，提高物流效率和订单响应速度。

自动化与机器人技术：在生产和物流环节中，引入自动化设备及机器人技术，旨在减少人工干预，进而提升生产效率与作业准确性。这不仅可以降低成本，还能应对日益增长的订单量和复杂性。

2. 供应链协同与整合

强化供应链上下游合作：与供应商、服务商等建立紧密的合作关系，共同制定供应链战略，实现资源共享、风险共担，打造供应链"同路人"战略，提高供应链的协同效率。

产业链生态整合：考虑与整个产业链的协同发展，推动产业链的优化和升级。通过整合产业链资源，形成产业生态圈，提高整个产业链的竞争力。

3. 绿色可持续发展

环保理念融入供应链：在供应链管理过程中，注重环保和可持续发展，通过推广清洁能源、减少污染排放、发展循环经济等措施，降低供应链对环境的影响。

绿色采购与供应链认证：优先选择符合环保标准的供应商和产品，推动绿色采购。同时，通过供应链认证等方式，确保供应链的绿色可持续发展。

4. 风险管理与优化

多元化供应商管理：建立多元化供应商及合作伙伴网络，以降低对单一供应商的过度依赖，从而有效减少供应链中断风险，增强供应链的稳定性。

风险预警与应对机制：建立风险预警系统，实时监测供应链运行状态，及时发现潜在风险。同时，制定应急措施，确保在风险发生时能够迅速应对，减少损失。

5. 人才培养与团队建设

加强供应链人才培养：培养具备供应链管理专业知识和技能的人才，提高供应链团队的整体素质。通过内部培训、外部引进等方式，不断提升团队的专业能力和创新能力。

建立高效团队沟通机制：加强供应链团队内部的沟通与合作，形成高效的工作机制。通过定期会议、信息共享等方式，促进团队成员之间的交流与协作，提高供应链管理的整体效能。

综上所述，新质生产力推动企业供应链重构需要从技术创新、供应链协同、绿色可持续发展、风险管理和人才培养等五个方面入手。通过系统性的优化和升级，企业可以打造高效、稳定、可持续的供应链体系，为企业的持续发展提供有力支持。

二、新时代对供应链转型提出新要求

如图 1-1 所示，传统的供应链管理较为粗放，盲目追求规模而忽视质量，导致供应链大而不强，运营效率低、成本控制难、综合效益低，已经不能满足新时代的发展需要。

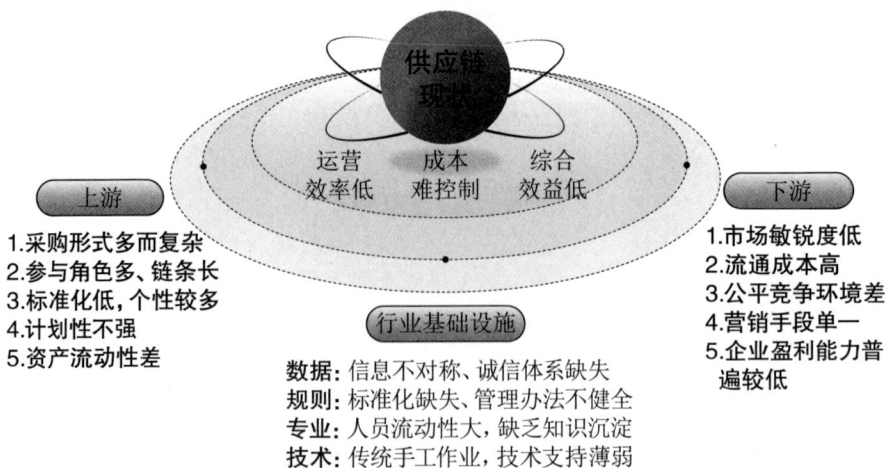

供应链现状

上游
运营效率低　成本难控制　综合效益低
下游

上游
1. 采购形式多而复杂
2. 参与角色多、链条长
3. 标准化低，个性较多
4. 计划性不强
5. 资产流动性差

下游
1. 市场敏锐度低
2. 流通成本高
3. 公平竞争环境差
4. 营销手段单一
5. 企业盈利能力普遍较低

行业基础设施

数据：信息不对称、诚信体系缺失
规则：标准化缺失、管理办法不健全
专业：人员流动性大，缺乏知识沉淀
技术：传统手工作业，技术支持薄弱

图 1-1　传统供应链的发展现状

具体来看，上游采购形式复杂，参与角色多而复杂，标准化程度低，计划性不强，资产流动性差，资金流受限。

下游市场敏锐度低、流通成本高、市场公平竞争环境差，优质企业难有发挥空间，营销手段单一，业内恶性竞争，企业盈利能力普遍较低。

同时，行业公共基础设施建设亟待加强。在数据层面，信息不对称问题突出，诚信体系尚不完善；在规则层面，管理办法存在漏洞；在专业层面，人员流动性过高，知识积累不足；在技术层面，仍依赖传统手工作业，技术支持力量薄弱。

供应链作为连接生产、流通和消费的桥梁，其高效、稳定、智能的运行对提升产业竞争力、优化资源配置、满足市场需求具有重要意义。在新质生产力的推动下，供应链需要不断创新和完善，以适应新的生产方式和市场需求。

1. 对供应链效率的要求

随着新质生产力的应用，生产效率显著提升，这要求供应链必须具备快速响应市场变化的能力。数字化转型和供应链效率的提升有助于企业降低成本、增加价值，并提高市场适应性。企业需要准确预测需求，及时调整生产和配送计划，确保产品能够及时、准确地送达消费者手中。

同时，供应链还需要实现各环节之间的无缝对接，减少不必要的中间环节和等待时间，降低库存成本和运输成本，提高整体运营效率。

2. 对供应链智能化的要求

新质生产力的发展离不开大数据、云计算、人工智能等技术的支持，这也为供应链的智能化提供了可能。智能化供应链凭借数据分析、精准预测及优化策略，能够达成需求预测的高度精确、库存管理的科学合理以及物流配送的高效快捷。

此外，智能化的供应链还可以实现各环节之间的信息共享和协同作业，提升供应链的透明度和可追溯性，为消费者提供更加安全、可靠的产品和服务。

3. 对供应链韧性的要求

新质生产力的发展要求供应链具备更强的韧性和抗干扰能力，以应对突发事件和市场波动。

这要求供应链建立完善的风险预警和应对机制，如通过多元化供应商、分散生产基地、优化物流网络等方式降低风险。并且，强化供应链的协同整合能力，凝聚成应对外部挑战的坚实力量。

4. 对供应链可持续性的要求

随着环保意识的日益增强和社会责任的不断加强，供应链的可持续性也成为新质生产力发展的重要要求之一。可持续的供应链须在确保经济效益的基础上，注重环境效益与社会效益的双重提升。

这要求供应链在产品设计、生产、运输、销售等各个环节都考虑环保因素，推动绿色生产和低碳物流。同时，还需要关注社会责任，保障劳动者权益，推动公平贸易和可持续发展。

总的来说，发展新质生产力对供应链提出了更高的要求，这既是挑战也是机遇。供应链需要不断创新和完善，以适应新的生产方式和市场需求。随着科技的日新月异与市场的瞬息万变，供应链正逐步迈向更高效、更智能、更具韧性且可持续的发展新境界。我们应深化对供应链的研究与实践，积极探寻创新的供应链管理模式与技术应用，从而为经济社会发展注入更为强劲的动力。

三、多重因素助推供应链转型正当时

除了前文所述宏观经济结构转型的外在驱动因素外，内在驱动因素是企业实施供应链转型的根本动力，主要表现在三个方面：利润下滑、供需矛盾、需求变化。

1. 利润下滑倒逼转型

2022 年 9 月份，我带领研究团队进行了一次"供应链转型升级难关痛"的企业实名制调研，共收集 135 份有效问卷。参与调研的企业中，按性质分，国企 35 家、民营企业 100 家；按专业属性分，开发企业 49 家、总承包单位 58 家、专业分包单位 28 家。

根据企业全方位优化供应链的实践案例与数据支持，调研结果发现，企业降本增效的诉求占比达到 80.58%，风险预警与管控占比达到 61.87%，提供数据科学决策占比达到 53.24%，如图 1-2 所示。换言之，在行业利润不断下滑的大背景之下，依托供应链管理进一步降本增效，促进企业有质量地增长，成为多数企业供应链转型的核心诉求。

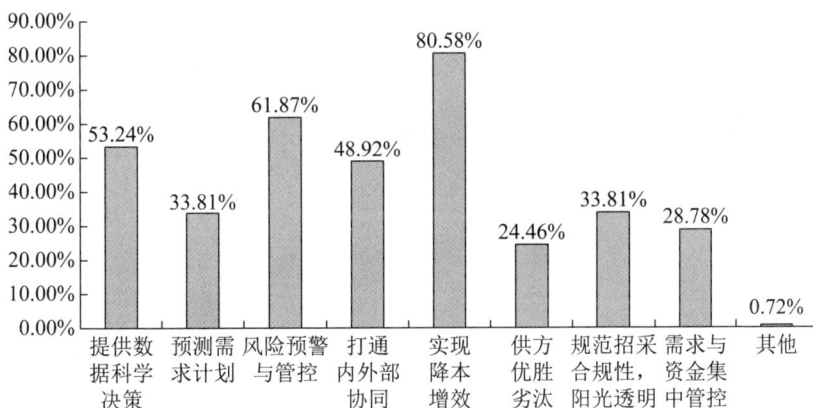

图 1-2　供应链转型升级核心需求分析

企业收入增长乏力乃至下滑时，确保利润稳步增长的关键，在于对成本的严格把控。这正是诸多企业"降本增效"作为实施供应链转型的根本原因。同时，市场容错率下降，倒逼企业必须在三个维度下功夫：一是决策做对，确保不犯错、少犯错；二是风险预警与管控，做到实时消除风险隐患；三是高效协同，在作业层面减少成本的浪费。

2. 供需矛盾带来的挑战

当前正处在高质量发展的浪潮之下，工程建设行业的产业链开始升级。比如，从发展方向上，要求打造绿色节能建筑，绿色建材、绿色产品是应用趋势；从施工工艺上，要求提升装配式占比；从落地方式上，物联网、大数据、智能机器人等技术对施工现场进行实时监控和管理，提高施工的安全性和质量。在这个过程中，落后产能与低质量企业开始掉队，需求与供给之间出现不平衡、不均衡现象。这是新旧发展动能在转型交替中所产生的供需矛盾，如图1-3所示。

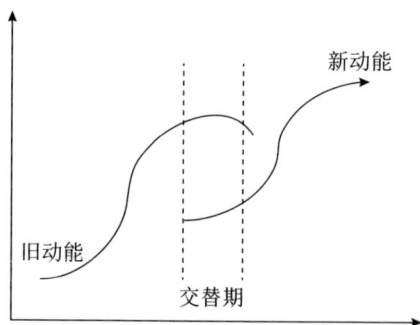

图 1-3　新旧动能转换交替

工程建设行业往往项目周期长、参与方多，利益诉求各不一样。站在业主方的视角，关注工程项目收益率；站在设计院视角，希望能够快速出图；站在施工方视角，希望尽快完工；站在材料供应商的视角，希望实现物料销售。但是，在野蛮生长的高速发展阶段，供应链管理相对粗放，供需之间并没有建立起良好的协作关系。我们以业主方、设计院、施工方、材料供应商等几个行业关键角色为例，说明一下各方的利益矛盾所在，如图1-4所示。

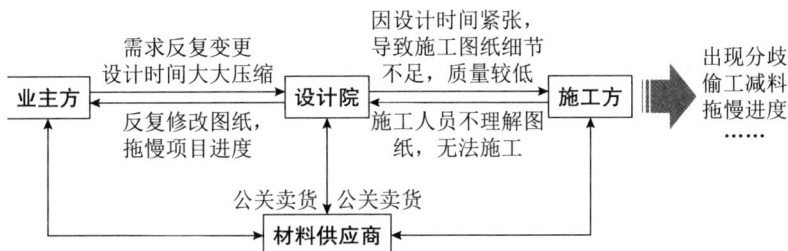

图 1-4　各方利益诉求不统一

业主方的需求时常反复变更，就会压缩设计院的图纸设计时间，导致设计院图纸反复修改，从而延缓项目进度；设计院往往计划节点卡得很紧，设计时间紧张，导致施工图纸细节不足；施工方案因图纸质量较低，无法施工。这种三方间的拉扯，最终导致了分歧频现、进度滞后以及偷工减料等不良现象。作为材料供应商，想要与项目建立供应关系，营销成本势必不断增加，材料价格也会相应上涨。

因此，对供应链的管理者而言，若不能将各方的利益诉求统一，必然会导致链条中某个环节问题不断，使得供应链的不稳定性风险加剧。

3. 需求变化的牵引

消费者对于产品和服务的个性化需求不断增加，产品的生命周期不断缩短，这要求供应链更加快速地响应市场变化。

比如，疫情期间，一些供应链管理团队为了更好地实现防控，对建筑空间迅速升级改造，安装人脸识别门禁、智慧安防系统、机器人巡逻等，以减少人员的交叉作业；为居家空间配置除菌消毒鞋柜、新风系统、防臭地漏、除菌橱柜等。

另外，新能源、光伏、装配式等新型需求，促使供应链向绿色、可持续发展转型，要求企业转变传统的供应链管理模式，在供应商选型时，更多地关注供应链全过程的碳排放，以实现经济效益和环境效益的双赢。

综上所述，企业的利润下滑、供需矛盾带来的挑战、市场需求变化等内在因素驱动着供应链转型升级。

))) 第二节　企业认知思维与供应链转型

采购与供应链有什么区别？之前没有供应链不是也干得好好的，为什么要进行供应链转型？对供应链存在偏见或者认知不全，是企业进行供应链转型面临的困局之一。只有在思维认知上转变，才能有效推动企业的供应链转型。

一、对供应链的错误认知

对于供应链或供应链转型，行业的从业者普遍存在着一定的认知误区。具体表现在如下三个方面：

1. 把采购等同于供应链

多数人持有"采购等同于供应链"的误解，这种看法其实颇为片面。对于供应链，最精准的理解应该是供需链或价值链，它是为满足客户需求而存在的端到端的全过程，是供应物流、生产物流、销售物流三者的系统协同，采购只是供应链中的一个环节，而且是离客户最远的环节。

2. 以为拥有好产品，就自然拥有了供应链

很多人片面地强调好产品自身的重要性，认为选到了好的产品，就获得了强有力的供应链。产品选型确实重要，选择恰当的好产品能显著提升项目的竞争力。然而，若供应商的产能、流通及交付能力存在短板，那么依然难以构建起强有力的供应链。

3.供应链上下游是零和博弈

供应链管理的初衷是降本增效，通过内外部的高效协同，减少不创造价值的中间环节，实现全价值链的高效共赢。然而，在实际采购中，往往采用"低价中标"的策略，这种盲目追求低价的行为使得供应商怨声载道，进而引发后端合作中的诸多漏洞和问题。

之所以对供应链存在上述片面认知，主要是因为企业的管理仍然较为粗放，如同盲人摸象，无法从全局视角深入理解供应链的本质。

2017年10月5日国务院办公厅发布《关于积极推进供应链创新与应用的指导意见》，给供应链下了一个定义："供应链是以客户需求为导向，以提高质量和效率为目标，以整合资源为手段，实现产品设计、采购、生产、销售、服务等全过程高效协同的组织形态。"这个定义阐明了供应链的导向、目标、手段及本质，一经发布，就得到业界广泛的认可，对认证供应链具有正本清源的作用。

二、供应链特点对比分析

不同行业的供应链有着天然的特征和区别。我们以房地产建筑业与生产制造行业这两个典型领域的供应链来进行对比分析，如表1-1所示。

表1-1 房地产建筑业与生产制造行业的供应链特点对比

特征	房地产建筑业供应链	生产制造行业供应链
产品属性	因地制宜一次性生产	批量生产
产品形态	不可移动产品	不限地域流通产品
生产周期	周期长且不固定	生产周期稳定且固定
生产效率	劳动密集型，生产效率低	自动化程度高，产能稳定
链主企业	业主方或施工单位或代建方	生产厂家
协作企业	参与方多而杂，现场水平参差不齐	参与方少而精，标准化实施

续表

特征	房地产建筑业供应链	生产制造行业供应链
仓储物流	无须仓库，采购物资直接送货至项目现场	采购端直接送货至组装车间
		销售端设立仓储中心、前置仓等或依托零售物流配送至消费者
干扰因素	受政策、资金、外部作业环境影响	封闭式作业，受外部影响少

相对于生产制造业，房地产建筑业的供应链在链条上没有那么长，但在资源管理、协同配合的复杂度上远高于制造业供应链，这正是在房地产建筑业里谈论采购比谈论供应链更多的原因。

另外，与生产制造业有相对明确的链主企业不同，房地产建筑业供应链中的链主企业往往并不明确，具体取决于实际情况。原则上，以业主需求驱动的物资和服务的供应链，链主企业应该由施工企业担任，但由于房地产建筑业属于资金密集型的行业，业主方（开发企业）往往也会扮演一部分链主的角色。

当前，国家积极推广"EPC模式"，即交钥匙工程，这是一种将设计、采购、施工等环节整合在一起的总承包模式。在EPC模式中，总承包商负责整个项目的施工过程，有利于统筹规划和协同运作，减少中间环节，节省投资并增厚项目利润。尽管EPC模式在政府投资项目和装配式建筑中被积极采用，成为工程建设领域的主要模式，但在行业内部，关于谁应该主导EPC工程的争论依然存在。有观点认为，应该由设计单位主导，还有观点认为该由工程总承包主导。实际上，在房地产开发中，开发企业担任链主角色，全权统筹，而施工单位则主要在土建环节发挥链主作用。在一些国家级的大型工程中，只有具备相关工程总承包商资质的企业方可承接EPC项目，且受制于资金实力，使得能够扮演这些大型工程链主角色的企业少之又少。

另外，近年来代建在工程行业颇为流行，具体可分为政府代建、商业代建、资本代建。代建管理方源于传统地产开发企业的转型，致力于为经验不足的业主方提供项目管理服务，助力其实现成本节约、效率提升或资产增值。在此过程中，代建公司亦积极参与供应链管理，成为不可或缺的一环。

房地产与建筑业两者虽然紧密关联，但两者其实分属于两个不同的板块。因此，在搭建自身供应链体系时，建筑企业与房地产企业也呈现着不同的特点。

1. 建筑企业的供应链特点

项目按照业主单位需求定制施工，对供应链的柔性要求较高；施工单位每一个阶段建造的节点供应链需求相对是可预知的，需要按节点付款；除了要整合自身供应链资源外，还要管理和协同好业主方或代建方所输入的供应链，保障项目进度按计划实施。

2. 房地产企业的供应链特点

政策要求房地产企业从拿地那一刻开始，必须2年内动工，否则土地就会被收回。但是，房地产项目往往开发周期长，受政策、外部环境影响大。因此，房地产企业的供应链不确定性高，要求也更高，需要做到产销匹配，既要匹配好目标人群，给予其超期望值的回报，还要有效配合项目现场的施工需求，最后还得保证项目增值有利润。

三、格局越大，机会越大

格局有多大，舞台便有多大，转型是一场思维认知的升级。供应链转型升级，不仅能帮助企业锻造出更强大的核心竞争力，还可以帮助企业重构商业模式。

那么，作为采购管理人，如何去操盘企业的供应链转型呢？以建筑业供应链为例，转型可以划分为三个阶段，如图1-5所示。

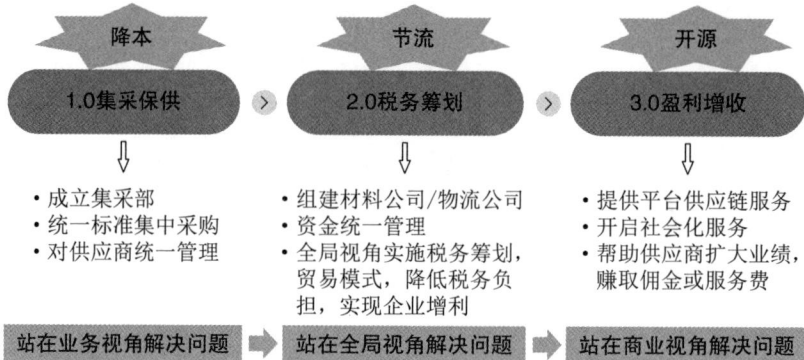

图 1-5　供应链转型升级进阶的三个阶段

1.1.0 阶段，站在业务视角升级供应链

建筑空间的开发需要根据地理环境、气候条件、风俗习惯等因素，因地制宜进行建设，原则上属于定制品。过去的供应链管理主要交由项目一线进行统筹。根据我们的走访调研，他们在供应商资源管理上存在显著不足，普遍依赖于传统的报表管理方式，导致供应商资源名单分散在项目经理和商务经理个人手中，缺乏统一的供应链管理标准，进而使得供应商的履约能力和交付时间存在很大的不确定性。这就导致项目做出来质量参差不齐，风险巨大。

面对这些问题，供应链开始了 1.0 版本的升级。此次供应链 1.0 版本的升级，主要从业务视角出发，通过一系列具体措施来实现目标：

一是成立集团集中采购部，对供应链进行集中的管理，收回一线的采购权限，保障供应链的稳定性。

二是根据项目需求、采购金额、标准化程度、采购业务能力等，对品类进行梳理，统一采购标准。

三是对供应链资源进行集中管理。

供应链 1.0 升级降低了企业的采购成本，并提高了供应链的稳定性。

在第五章节会重点分享如何利用集采打造供应链竞争力。

2. 2.0 阶段，站在全局视角升级供应链

供应链转型升级 2.0 版是在 1.0 版成功实施的基础上推出的，它超越了业务层面的降本增效，而是从公司整体战略高度出发，通过税务筹划来优化利润结构。具体的税务筹划流程如图 1-6 所示。

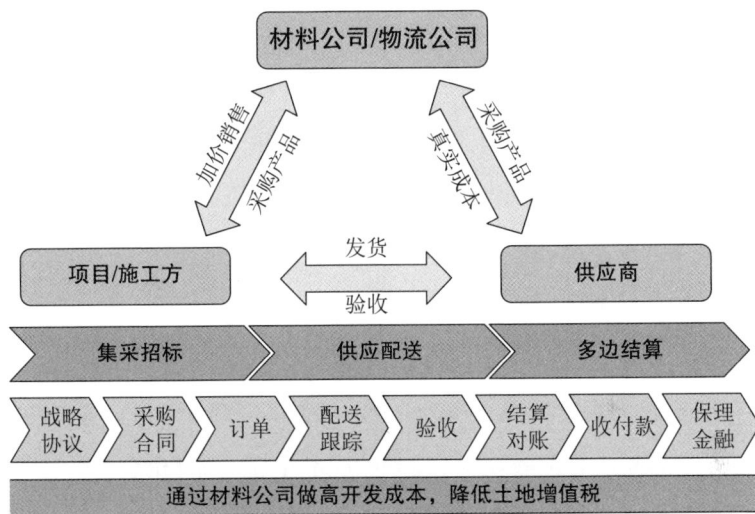

图 1-6　供应链转型升级 2.0 阶段

2.0 阶段的供应链升级主要有以下三个动作：

一是将集中采购部升级为材料公司或物流公司；

二是对资金的统一管理，由材料公司或物流公司统一与供应商进行结算，保障资金得到高效利用；

三是通过贸易模式，调高产品价差，销售给项目公司，做大项目公司的成本，从而降低企业的整体税务负担，实现最终整体利润增值。

3. 3.0 阶段，站在商业视角升级供应链

供应链 3.0 阶段是对供应链的商业模式再造，从过去为业务赋能、整体税务筹划升级到社会化运营，开拓企业的第二增长曲线。

进入 3.0 阶段，原有的材料公司或物流公司将完全独立运营，不再局限于服务于企业自身，而且其从企业内部开放出来，面向行业中小企业输出企业的核心供应链管理与运营能力。

每一次的升级，意味着能力与要求也不一样，供应链管理部门的组织架构体系也需要全面升级。在本书第 8 章，我们会重点阐述组织体系的搭建。

3.0 阶段的供应链升级主要有以下三个动作：

一是提供供应链平台服务，将企业的能力数字化、平台化、在线化。

二是开启社会化服务，不再局限于集团内部，同时也面向社会开放。

三是帮助供应商实现业绩增长，赚取佣金或服务费。

))) 第三节　从经营视角审视供应链

供应链需成为企业增长的强劲引擎，身为供应链管理者，务必从经营视角深入剖析供应链，剔除低效与不合理的成本环节，确保资金得以高效运用。

一、基于经营视角的供应链管理

对于企业的稳健运营，合理的资金安排与高效利用至关重要。供应链从采购到销售，每一个环节都伴随着资金的流动，且资金短缺是常态。因此，供应链管理者必须具备经营思维，既要考虑业务维度，也要兼顾财务资金需求。

企业的资金来源主要有两大渠道：一是融资，二是营销回款。确保现金流安全是企业的首要任务，因此在制定供应链管理策略时，需要从经营层面出发，严格按照财务管理的"三收三支"政策进行款项支付，并基于企业的现金流状况制定供应链管理的赋能策略，如图 1-7 所示。

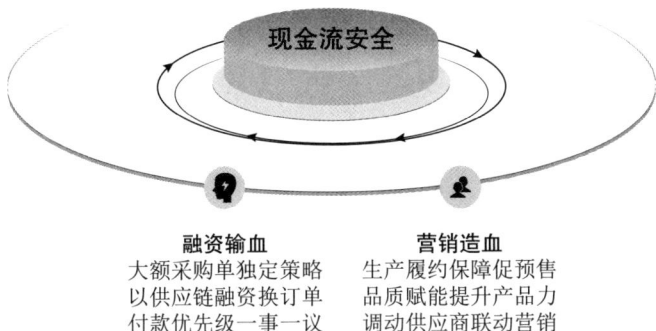

现金流安全

融资输血   **营销造血**
大额采购单独定策略   生产履约保障促预售
以供应链融资换订单   品质赋能提升产品力
付款优先级一事一议   调动供应商联动营销

图 1-7 基于经营视角的供应链赋能策略

"三收三支"是财务管理的重要概念，具体含义如下：

（1）以收定支：企业应根据预期收入来平衡年度收支计划，即根据预计收入来确定支出预算，确保资金的合理分配。

（2）收大于支：在经济不景气或者市场不确定性较高的情况下，企业应优先保证收入的稳定性和增长，避免不必要的开支，以保证资金流的正向流动。这样做有助于保障企业的资金安全。

（3）先收后支：强调在支出前应先确保收入入账，作为支出的依据。这个原则适用于那些已经运作成熟的区域公司，而对于新设立的企业，需要根据实际情况灵活调整。

接下来，我们分别讨论融资和营销回款两个方面。

1. 融资

（1）大额采购单独定策略。对于金额占比较高的品类，应制定专门的策略。在引入供应商时，应优先考虑能够接受金融产品的供应商。实践中，许多核心企业在招标文件中会明确商票和保理支付金额占比，或约定一定比例的抵押物作为合作条件。

（2）以供应链融资换订单。作为链主企业，在资金紧张时，可与已合作供应商约谈，逐步提高商票和保理支付金额占总支付金额的比例。针对新加入的供应商，推行"融资促订单"的合作模式，在初期阶段确保他们获得稳定订单及合理利润空间，同时依据产品类别合理设定融资额度。

（3）付款优先级一事一议。资金需做到专款专用，首要保障能快速回流的款项。对于合作伙伴提出的资金援助申请，将坚持个案处理的原则，审慎审批，并要求详细阐述请款缘由。

2. 营销回款

（1）生产履约保障促预售。在资金紧张时，应确保供应商的履约能力，保障生产的有效推进。项目停工将给企业带来巨大的现金流压力，因此应尽早达到销售节点，促进现金流回正。

（2）品质赋能提升产品力。在追求降本增效的同时，应避免陷入低价竞争的误区，忽视产品质量与交付服务。为此，我们将引入优质供应商，精心挑选样板，细致考察供应商的每个环节，并对进场材料进行随机抽检。

（3）调动供应商联动营销。面对销售压力，完全可以联动供应链条上的合作伙伴一起参与。在实践中，企业可优先对内开放购买名额，提供特定优惠折扣给合作伙伴，既让供应商受益又实现现金流的回流。其实，联动营销在各行各业中均有广泛应用，例如华为作为智驾系统的解决方案服务商，与汽车生产企业如长城汽车合作，通过签署合作协议和开放线下展厅等方式，共同推广智能驾驶技术并帮助汽车销售。

供应链管理者若具备财务思维，便能从财务指标中敏锐洞察业务风险，通过全局审视，提前布局调配，迅速整合资源，优化供应链策略，从而确保供应链的稳健运行。

二、以经营思维实现供应链调优

传统的采购通常仅从部门层面思考和解决问题，而转型为供应链管理则需要站在更高的产业链视角与企业经营视角去审视并解决问题。具备经营思维能让我们更有效地调优供应链。调优旨在达成两大目标：一是实现预见性的前置赋能；二是强化动态管理，以增强竞争力。

1. 可预见性的前置赋能

供应链管理者若拥有经营思维，在项目初期便能对项目进行精准分类，从而采取针对性的供应链策略与手段，推动业务增长。

一个依托供应链升级驱动业务增长的经典案例，就是小米公司当年推出 799 元的红米手机。这款手机价格虽低，但质量却很好，一经推出便火爆市场，剿灭了市场中一众"山寨机"，让小米手机在下沉市场的占有率得到了大幅提升。

红米手机能如此低价，原因在于小米公司打造了一条区别于原有小米手机体系的全新供应链，即国产手机供应链。小米供应链团队筛选出了一批国内具备技术研发生产实力的供应商，与他们共同打造了超高性价比的红米手机。国产手机配套产业链借助红米手机的爆款热销，实现了快速成长与崛起，这得益于红米手机对国产供应链的持续扶持和共同成长。

要保证每一个项目都成功，就必须针对性地构建差异化的供应链策略。基于经营视角，可以把项目类型分为三类，即利润型项目、现金流型项目和均衡型项目，如表 1-2 所示。

表 1-2　从财务经营视角划分三种项目类型

分类	项目特点	成本策略	供应链策略
利润型项目	前期资金需求峰值大 关注利润指标	敏感性成本重点投入 做好目标成本及规划 余量	优质总分包单位 产品质量可靠性 供应链金融（垫资）
现金流型项目	前期资金需求峰值小 现金流回正时间短 关注现金流回正指标	标准化下的产品适配 动态成本变动率严控	货源供应稳定性 集采价格及应用集采 围内产品

续表

分类	项目特点	成本策略	供应链策略
均衡型项目	现金流与利润的平衡关系	限额设计下的产品适配 敏感性成本有选择地投入	结合优劣势选择匹配的合作单位 尽量在集采范围内选择

利润型项目以追求利润为核心目标，通常前期资金需求较大，且现金流回笼周期较长。在成本策略上，重点关注消费者体验，尤其是在敏感环节加大投入，确保项目品质。资金规划需预留充足的目标成本和余量，以应对突发情况。供应链策略上，优先选择优质可靠的分包单位和品牌商合作，提升项目档次，并利用供应链金融产品保障资金链的稳定运行。

现金流型项目以快速回正现金流为目标，具有前期资金需求小、回笼时间短的特点。成本策略上采用标准化产品，快速适配，并严格控制动态成本变动率。供应链策略注重物资供应链的稳固性，优先选择集采范围内的产品，以确保交付的稳定性和效率。

均衡型项目兼顾利润与现金流，追求两者的动态平衡。成本策略上，提前设定成本限额，基于产品库进行适配，并在消费者体验环节选择性投入。供应链策略上，结合项目特点匹配合适的供应商，优先选择集采范围内的产品，以实现成本与效益的平衡。

2. 动态管理，提升供应链竞争力

当我们在说"供应链柔性""供应链弹性"等关键词时，其实是要求供应链能随时适应市场变化，及时做出调整。而市场的变化好坏就体现在企业的经营数据变化之中。作为供应链管理者，应该对企业经营数据保持敏感，特别是财务数据。

在这里，重点强调两个维度的数据：一是现金流的收支情况，这关乎供应链管理的节奏；二是供应链的合作状况，这关乎供应链结构的动态调整。

动态调节奏，让钱用在刀刃上。当销售端乏力时，生产端就要放慢节奏；当销售端火爆热销时，生产端就要加快节奏。自身资金的松紧度决定了供应链资源投入的松紧度，尤其资金量较大的项目，长时间占用资金而无法创造现金流往往会拖累企业，造成较大的经营风险，因此节奏的快慢与现金流量快慢息息相关。

【案例】

Z企业是一家全国性发展的开发企业，在全国10多个省市都有项目，主要分布在珠三角、长三角以及中西部。Z企业凭借内部经营财务数据，灵活调整供应链节奏。

该企业每个月都会召开集团的经营例会，公布各个项目的经营状况、开发节奏以及下月的资金计划等。供应链部门的业务计划跟随各项目的开发计划随时做动态调整。企业财务报表数据反映了各市场的冷热状况。中西部的部分项目回款乏力，而企业的现金流有限，因此供应链部门提出优先保障珠三角、长三角项目的供应，建议放慢中西部项目的开发节奏，减少资金的占用，确保资金能快速回流，保障企业的现金流稳定。

通过动态调整结构，确保供应链随时待命。市场风向牵引着企业的战略转型与变革，供应链支撑企业的战略落地，随时都要准备新的项目与任务。在"十四五"规划中，明确提出大力发展建筑节能、绿色建筑，这是一个市场新机会。在政策引导下，企业需积极调整供应链结构，以适应新时代要求，如发展绿色供应链、装配式供应链及新能源光伏供应链等。

【案例】

S企业是一家传统的房建施工单位，在建筑领域深耕了20多年，随着近年来市场竞争越来越激烈，企业发展遇到了较大的瓶颈。企业开始寻求转型，但如何转，往何处转，一时没有找到突破口。

这几年，该企业抓住了国家大力倡导装配式建筑的发展机遇，打造了一条特色的装配式供应链。随着装配化率成为考核建筑行业的重要指标，S企凭借早期的前瞻性布局，不仅抓住了市场先机，还顺利地推进了自身的转型进程。

三、从经营视角拆解供应链价格

供应链的各个环节对于价格都极其敏感，采购双方最终能否达成合作，最终取决于价格谈判的结果。不过，总是听到有人说，"搞定采购商很简单，只要供应商企业能给账期能垫资，价格都是小问题。"

价格真的是小问题吗？能随意报吗？

当我们基于经营视角拆解供应链的价格体系，会发现很多价格还有很大优化空间。接下来，我们以大宗工程材料的价格体系为例，看看背后隐藏着怎样的学问与门道，以及如何识别出有竞争力的供应商。

1."7+4"工程价格体系

在供应链咨询的案例中，我们发现很多企业从端到端的业务流（信息流）很清晰，而资金流中的价格体系却不够清晰，导致流通的成本过高。在整个价格体系中，包括生产制造厂家、经销代理商、物流公司、金融机构、采购商等诸多角色，构成价格体系中的一个环节。

通过对流通环节中各类价格与税费的细致分类，我归纳总结出了一套包含7种价格与4种费用的工程报价体系，即"7+4"工程价格体系。其中，价格类型分为：成本价（出厂价）、市场价（信息价）、现金销售价、现金采购价、账期价、采购合同价、财务结算价；费用类型分为：运费、税费、金融贴息费、逾期费，如表1-3所示。

表 1-3　"7+4"工程报价体系

分类	说明
成本价（出厂价）	包括原材料采购、研发费、人工费、机器设备、运营管理等
市场价（信息价）	在零售／批发市场上的流通价格
现金销售价	在工程市场，供应商基于现款现货的报价
运费	根据运距、重量设定运费
税费	产品、服务的增值税
现金采购价	包含现金价＋运费＋税费
账期价	现金采购价×（1+上浮比例）
金融贴息费	1. 采购商提供金融产品，双方约定的贴息比例 2. 不同金融产品，贴息比例不同；不同主体的票据，贴息费也不同
采购合同价	现金采购价或账期价＋金融贴息费
逾期费	根据逾期合同金额，按天计算逾期利息
财务结算价	1. 如果逾期，还会有逾期费 2. 部分品类根据调价机制，采购合同价与财务结算价存在差异

2.拆解价格指导供应链谈价策略

让供应商按照价格体系模板进行报价，这样便能快速识别各品牌生产商之间的报价差别，采购商在落实价格谈判策略时，就能掌握谈判的主动权。

①供应商的"现金销售价"谈判。

对比多家供应商的销售价，便能看出哪些供应商报出的价格具有竞争力。供应商的销售价能否谈下来，需要反向去分析成本价与市场价。

根据调研，标杆企业普遍会采取拆机方式，将各个零部件进行成本精算，折算出最终的成本。当然，前提条件是建立在对产业链较为熟悉。能力较强的采购商能通过优化产品设计及工艺，反向引导供应商在生产环节中削减成本，进而压低产品的最终售价。

②基于账期价的上浮比例对比成本。

大宗批量采购基本上都会有账期。供应商给予的垫资成本高低，也能看出其合作的意向程度以及接纳账期的意向度。

我们发现，具备经营头脑的供应链管理者会细致计算综合成本，具体做法是将账期成本与公司的融资成本进行对比分析。如果低于企业的融资成本，可以果断使用账期价。如果高于企业的融资成本，那么就要跟供应商洽谈进一步的让利空间。对于融资成本与账期成本相等时，我们建议优先使用账期价，毕竟面对银行等金融机构，融资到期是必须兑付的，可谈展期的空间相对较小，而且还会占用企业的授信额度与信用，有些金融产品一旦延期会被记录在案，因此在使用时需要谨慎。

财务专家闫静在知乎上有一个很形象的例子说明融资成本与账期成本之间的测算方式。原本购买一种原材料，付现金是 1000 元 / 吨，现在变成 30 天付款，如果供应商没有给你涨价，那当然用 30 天付款；如果供应商把价格涨了 2%，30 天的垫资成本是 2%，年化利率则是 $2\% \times 12=24\%$，那么这个账期成本相当于高利贷了。将 24% 的账期成本与公司的 30% 融资成本相比较，若融资成本更高，则果断选择账期付款。反之，若融资成本仅为 10%，则应选择融资，以现金结算供应商款项。

另外，价格涨幅和账期变化，用来推算出年化资金成本。比如账期延长 2 个月，价格涨幅为 3%，相当于月利率 1.5%，年利率是 $1.5\% \times 12=18\%$。下一步就是比较自己融资的成本和账期的年化利率，孰高孰低。

③以财务结算价优化采购节奏。

企业的预算基于合约规划制定，结算与预算紧密相连。原则上财务结算额与实际订单的采购合同额应该保持一致，但如果因为预算不足，就会造成付款不及时，甚至支付逾期。

当前，国家对于商票的管控越来越严格，逾期的企业会在上海票据交易所公示，尤其一些上市企业，甚至还会带来评级降低，导致融资成本变高。

另外，结算价还与材料的调差约定有关。有些材料具有一定周期性的波动，如果掌握了这种周期变化，便能未雨绸缪，提前下单锁定采购价格。

因此，采购下单时的节奏把控至关重要。现金流（预算）不足时，应减少下单量，避免资金占用过多；当原材料价格呈现上涨趋势时，应提前下单，锁定较低的采购价格，从而降低采购成本。

④优化费用空间。

一般来说，运费与税费的优化空间有限。如果运费偏差较大，反向优化供应链，可以建立本地化的供应商资源。另一个可以优化的费用就是金融贴息费。不同的金融产品、不同的票据主体，供应商的接受程度不一样，采购商承担的贴息费也不一样。

因此，可将内部的票据进行归类，设定不同的贴息比例。同时，基于供应商的接纳程度，匹配不同的金融产品给对应的供应商。

当供应链管理者把价格进行结构化拆解之后，企业很容易通过对比、谈判和采购策划获得最优价格，优化供应链中不合理的成本。当然，对于供应商来说，同样可以基于上述价格体系表，反向优化自身的报价，确保与目标意向客户的合作一击即中；反向评估采购商的合作条件是否苛刻，提前预判可能存在的风险。

第二章　挑战与痛点：供应链管理的现实困境

市场复杂度越来越高，但很多企业供应链管理还停留在简单的采购阶段，已经无法实现企业降本增效的要求，且采购人的价值感也越来越低。打造企业的竞争力，还需要在供应链中挖掘利润。

))) 第一节　采购难以应对全局性业务需求

一、疲于应对多部门的供应链需求

采购岗位，位于企业价值链的中间段，前端串联投资、设计、成本部门，后端串联工程、营销、客服部门，需要与每一个部门保持高度的协同。

市场行情好的时候，你好我好大家好，各部门和谐共处。一旦市场变化、业绩下行，采购部门往往沦为各个部门投诉的角色，且企业的降本诉求、工期进度诉求、产品档次诉求等也落到采购部门头上。

在实际中，企业各部门数据并未打通，存在的各种"部门墙"让采购工作受到诸多限制。具体而言，缺乏供应链管理体系的支撑，企业采购人员面临三大严峻挑战：

1.标准化程度不高

标准化程度不高，使得设计图确定缓慢，部品部件选型争议频发，严重阻碍了采购工作的进展。在实际操作中，采购人员从设计部门获得的数据清单往往包含大量非标产品，而由于采购前期未参与选型，对选型依据一无所知，寻源工作因此受阻。最终，在后期采购中，由于缺乏对市场的了解、过于依赖单一供应商或采购流程不规范等原因，采购往往只能寻求供应商定制，这可能导致成本超支和项目延期等问题。

例如，在某项目中，高层标段厨卫吊顶设计标高与结构顶标高差值过小，预留空间不足，导致浴霸无法安装或吊顶无法安装。由于工期紧迫，采购部门不得不紧急联系厂家进行定制生产，然而，这却导致了产品质量问题的出现。采购部门作为直接经手部门，成了责任的承担者。

2. 预算做得不准

当前，很多企业的成本管理主要是基于目标成本规划，而采购工作又是基于目标成本规划展开的。尽管在工作中会采取多版本的目标成本规划，但还是难以适应当前市场的变化，尤其是在生产周期长的行业，如工程行业。生产周期长带来的时间差，让原本的成本目标规划在实际应用时会出现较大偏差。工程行业至少有投资版和方案版两个目标成本规划，其中投资版目标成本规划给予决策者数据支撑，判断是否该拿地。拿地后，企业开始制定方案版目标成本规划，用来指导项目的成本管控，预防成本超额风险。

然而，在制定方案版目标成本时，往往依赖于历史成本数据和内部数据库，忽视了市场价格波动、项目地质条件、国家经济政策、地方检测标准变化等因素，导致预算往往都不准确，给采购工作带来巨大的挑战。如果企业严控目标成本，不给后期的采购工作留下任何弹性空间，会导致采购部门不得不牺牲产品品质。

3. 管理跟不上

部分企业项目管理粗放，管理人员存在向材料供应商索取非法利益的现象。这带来两个后果，一是让供应商的利益受损，二是让原本优质的供应商配合变差。供应商配合不力、项目延期等问题一旦出现，采购部门往往首当其冲，被指责为招募了不可靠的供应商。

要解决上述问题，企业要升级采购部门的职能，将采购部门打造为供应链管理中心。以全局和系统思维重构企业采购与供应链条，解决各部门需求的协同问题。

二、合作联营项目的采购管理难点

根据项目合作开发的三个关键要素，如图 2-1 所示，我们至少可以列出 18 种项目合作开发模式。例如，在房地产领域，常见的模式包括资本合作模式、联合开发模式、政府和企业合作模式、物业管理和开发模式、品牌合作模式、配套合作模式、地产代理商合作模式、集团合作模式以及城市更新和再开发模式等。

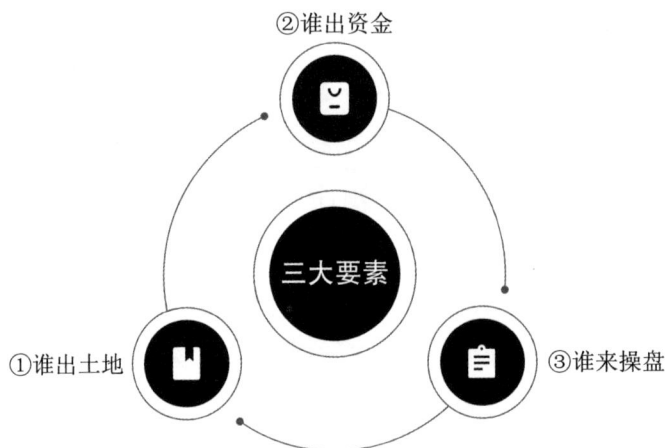

图 2-1 合作开发的三个关键要素

关键要素一：谁出土地。土地的获取方式一般有三种，分别是项目资产收购、项目股权收购、联合体拿地。

关键要素二：谁出资金。资金的来源一般有两种，分别是联合出资占比不同、不出资纯代建模式。

关键要素三：谁来操盘。操盘的方式一般有三种，分别是独立操盘、联合操盘、财务投资。

项目合作联营不仅可以提高企业资金利用率，撬动更大市场份额，企业间还能相互学习、资源互补。然而，合作联营项目的采购工作却常常面临重重挑战，由于各合作企业在管理水平、文化制度及利益诉求上的差异，采购人员难以直接套用母公司的采购模式，导致协同合作过程中频繁出现摩擦与协调难题。而且，每一次合作开发均需针对项目特性进行深入分析，重新构建合作框架、制定规则，并进行团队磨合，以确保项目顺利进行。

【案例】

根据企业对外合资合作情况的调研报告，B 企业对其 211 个合作项目进行了深入分析，发现沟通问题普遍存在，影响了 58% 的项目；此外，30% 的项目在前期阶段遇到了挑战；而管理介入问题则影响了 12% 的项目。这三者正是合作开发项目中面临的主要问题。

具体来说，沟通问题表现为对招标供应商的使用存疑、对审批流程及管理模式存疑，以及对成本、利润、销售指标存疑；前期问题表现在历史遗留问题的土地性质、拆迁、债务、纠纷及资金支付困难等方面；管理介入问题表现在实际业务落地过程中的招标、设计、销售等关键环节的审批权问题及施工单位的引入与使用规范等方面。

具体而言，在合作联营项目中，采购工作的困难主要体现在以下三个方面：

一是供应商的选用问题。采购人员需应对合作双方在供应商管理制度上的融合挑战，尤其是确保供应商引入的合规性，同时处理实际操盘中关系户供应商的选择与应用难题。

二是采购业务协调问题。采购人员既要解决所属公司的内部协同问题，还要积极与合作方的相关部门派驻人员进行沟通。另外，合作开发的项目业务大都需要"双签"，审批流程往往较为复杂，需要采购人员组织专项会议与关键人进行沟通。这些工作都要耗费很大的人力与时间精力。任何一个环节出现问题，都会影响采购工作的正常推进。

三是不确定性风险问题。因为报批报建滞后，联合操盘项目工程进度延误导致供应商索赔的风险；因为联合开发，原有的战略合作单位配合意愿低的风险；某一方因为企业经营出现问题，无法及时支付供应商款项的风险，等等。

倘若企业构筑了强有力的供应链管理体系，在操盘合作联营项目时，便可作为一种能力对外输出，成为联营项目的保障体系，最大程度消除上述因为文化、制度、体系不同而产生的撕扯与合作内耗。

三、转型新赛道原有体系难以复用

目前，随着住宅市场的饱和，诸多企业纷纷选择进入商用建筑市场。相比于住宅建筑，我国的商用建筑的发展还不够成熟。尽管招标方式、招标流程及组织形式在大体上相同，但商用建筑的采购工作相较于住宅而言，难度显著提升。

在从住宅市场向商用建筑市场的转型过程中，采购工作遭遇了以下三大挑战，如图 2-2 所示。

图 2-2　采购工作面临的三大挑战

1. 供方选用之难

商用项目的产品形态包括：酒店、写字楼、购物中心、商业街等，业态丰富、产品造型复杂，选择能力适配的供应商尤为重要。以电机为例，相比于住宅项目，商用项目在数量和质量方面，要求都要高出很多。在精装住宅项目中，机电设备的成本占比通常不超过 10%，相比之下，商用项目中机电设备的成本占比经常高达 30%，尤其是中央空调一项，其成本就可能超越住宅项目整个机电设备的采购预算。

2. 产品选型之难

（1）供方类别多

产品在采购招标前，要对每一类的 SKU（库存控制的最小可用单位）做行业标准、技术参数、成本造价、功能效果的选型对比。住宅项目的产品标准化较高，一个品类的 SKU 约为 3～5 个，可以集约化采购，而商用项目的应用场景复杂，一个品类的 SKU 也就相对较多。以电梯为例，住宅项目的品类主要是客梯，但商用项目则包括直梯、扶梯、观光梯、货梯等。因此，商用项目的采购选型工作量比住宅项目要大得多。

（2）技术难度大

相较于住宅项目，商用项目因需兼顾后期运营的耐久性，故在产品技术标准上设定得更为严格。另外，住宅项目很多部品部件都已经标准化，项目之间可以对标参考，而商用项目的差异性大，产品选型的技术标准不一致，项目之间的可复制性不强，难度也随之加大。

（3）评比维度精细

实际上，很多商用项目与住宅项目是相互邻近的，因此商用项目产品选型时需要考虑到对住宅区的影响。比如，很多商业购物中心都有餐饮店，这就需要考虑到油烟机、排风系统等是否会对住宅产生影响。所以，相对于住宅项目，商用项目的产品选型比选维度会更精细一些。

3. 定标决策之难

住宅项目定标相对简单，在同档次标准下，最低价中标。在商用项目定标决策时，因为很多是非标的定制化产品解决方案，比如一些机电设备，不仅要考虑采购成本，还要考虑产品配套的施工成本、运营成本，以及后期运营维护成本。因此，在采购决策时需要综合考量价格因素，做到总体成本最优。

供应链的强弱很大程度上决定了企业在面对复杂业务需求时的能力大小。企业的供应链如果还停留在传统模式里，必然无法应对新的市场变化，不能抓住新机会。

))) 第二节　不确定性环境下的供应链管理挑战

一、供应商端带来的供应链不稳定性

供应商作为供应链中的关键一环，其稳定性和可靠性对整个供应链至关重要。然而，供应商端的风险频繁挑战采购工作，严重影响了供应链的稳定性。具体表现在以下几个方面。

1. 绿色建筑供应链的打造压力

据《2020 年中国建筑能耗研究报告》数据，建筑全过程的碳排放占比极高，尤其是建材生产环节与建筑运行阶段。随着 2030 年"双碳"目标的临近，传统建筑的高能耗问题将成为制约企业发展的重大风险。因此，发展绿色供应链成为必然趋势。绿色供应链的建设涉及采购、生产、运输、运营等多个环节，采购工作因此面临严峻挑战，亟须重构供应链体系，以满足绿色发展的迫切需求。

2. 原材料价格上涨

受全球信用货币宽松政策、供需失衡等多重因素影响，原材料价格持续攀升。以防水材料为例，其价格受国际大宗原油交易价格的影响很大。原材料价格的持续攀升，不仅给采购工作带来了巨大压力，也影响了供应商的经营稳定性。

3. 行业洗牌带来的冲击

行业洗牌导致部分经营不善的企业爆雷，这些企业的倒闭或重组给供应商带来了严重的冲击。此外，部分企业在选择供应商时，过分追求规模而忽视稳健性，从而加剧了供应链的不稳定性。

4. 质量问题频发

半成品和部品部件是质量问题的重灾区，这些问题往往具有隐秘性，不易被发现。质量问题的频发不仅损害了企业的声誉，也给供应链的稳定性和可靠性带来了挑战。

二、各业务环节对供应链的破坏

采购部门作为资源的整合方，在企业缺乏供应链管理认知的情况下，一些错误的方式不断破坏着供应链的稳定性。具体表现如下：

1. 逾期账款高企

部分企业为了扩大规模而采取借债融资模式，导致逾期账款高企。无法按时结算账款不仅损害了供应商的利益，也破坏了供应链的稳定性和信任基础。

2. 项目上的不正当行为

项目上的人员以各种理由向供应商索取好处，导致供应商的成本增加。这种行为不仅损害了供应商的利益，也破坏了供应链的合作生态和口碑。

3. 时间被压缩

设计深度的欠缺与进度的仓促，致使采购工作难以得到周全准备，进而难以达成预期成效。这一现状，不仅对项目质量和进度造成了不利影响，更对供应链的稳定性和效率提出了严峻挑战。

4. 充当接盘侠

销售乏力导致企业用产品来抵给供应商货款，造成供应商流动性资金紧张。这种无底线的操作破坏了供应链的正常运作和合作关系。

5. 忽视市场变化

企业为了保障利润而严控成本，但忽视了市场变化对供应链的影响。上游原材料价格的持续涨价和刚性的成本管控导致采购工作非常被动，最终影响交付质量和供应链的稳定性。

三、行业分化下供应链模式的挑战

在高质量发展模式下，企业依然保持着过去规模化高增长的思维惯性，试图通过"抄作业"的方式打造自身供应链管理体系。然而，这种做法往往导致供应链管理体系与实际业务脱节，难以有效实施。

为了更清晰地理解这一问题，我们根据链主企业的不同规模和特点，将供应链管控体系分为三类，即行业巨头类链主、腰部企业类链主和中小企业类链主。每一类链主企业的供应链导向都存在显著差异。

1. 行业巨头类链主：封闭式供应链管控体系

随着市场需求的增长和数字化转型的加速，行业头部企业对供应链管理的要求变得越来越高。这些企业规模庞大，对供应商的能力和团队服务能力有着严格的要求，以确保供应链的高效运作和适应市场变化。在供应链构建上，行业巨头往往形成"站队"模式，即供应商若与某一家巨头合作，可能就不会与另一家巨头合作，以避免潜在的冲突和利益纠葛。供应商虽然有能力承接大型企业的采购业务，但考虑到利润和重资产投入的风险，往往不愿意盲目扩建投产以全面覆盖行业巨头。

因此，供应商更倾向于代工生产，覆盖中小型企业市场，以保持一定的业务增长。行业巨头则通过构建封闭式的供应链管控体系，确保风险得到有效控制，并高度重视供应链的效率提升。

2. 腰部企业类链主：开放式供应链管控体系

腰部企业在采购议价能力上稍逊于行业巨头，但要在市场上立足，必须注重产品力的提升。产品力是腰部企业高质量发展的基石，表现为质好价优。为了具备供应链的成本优势，腰部企业需要在集中采购上下硬功夫。

盲目模仿行业巨头的做法并不可取，因为腰部企业的集采价格并非最优，且综合性大型厂家供应的各品类产品质量也并非均好。

因此，腰部企业需要精耕供应链，拆分具体细项需求，确保产品力更有针对性。通过开放供应链入口，与细分领域里最专业的厂家洽谈集采合作，既能获得成本优势，又能提升产品力。

3.中小企业类链主：质量导向兼顾价格导向

尽管行业集中度越来越高，但市场上依然会有新晋选手和跨界企业。这些企业新业务抗风险能力弱，每个项目都关乎企业的"生死"。

中小企业在构建供应链体系时，有两种主要路径：一是老板亲自参与产品质量选型，确保品质；二是借助第三方平台或区域联盟，获取更多优质资源，从而获取价格优势。

综上所述，不同规模的企业在供应链管控体系上有不同的导向和策略。行业巨头追求效率与风险可控，腰部企业注重产品力与成本力的双丰收，中小企业则通过抱团或老板亲自牵头来提升产品力。

在调研中发现，企业在构建供应链管理体系时，普遍存在的模仿行为往往无法精准匹配其独特的管理需求和发展战略。推动企业供应链的管理变革需要一把手强有力的支持。因此，在面对新时期的发展要求时，企业应结合自身发展阶段和实际情况，打造适合自己的供应链管理体系，以避免不适配的供应链管理模式给业务推进带来困扰。

))) 第三节　采购角色及其业务局限性

一、采购部门无法全局统筹

俗话说，行军打仗，粮草先行。供应链在企业中扮演着后勤保障的关键角色。从原材料到成品的转化过程，无论是普通商品还是工程项目，都离不开供应链的有效管理。

具体来说，供应链的流程包括从原材料采购，经过生产或施工转化为半成品，再到成品验收，并最终成为货架上的商品或通过销售租赁平台及资产运营商进行管理。这一系列过程中，物资、信息和资金的流动构成了供应链的核心。

为了优化供应链，我们需要关注物资、信息和资金流动的各个环节，找出并解决堵塞点。采购环节作为其中的一部分，涉及计划、采购、合同和供应商管理等多个方面。然而，采购部门在供应链中虽占据重要位置，却常因传统角色和定位的束缚，难以施展全局统筹的才华。

企业建立供应链体系，实际上是将采购部门的单打独斗升级为体系化作战，需要打通各个环节的瓶颈。在这个过程中，采购部门虽然是供应链资源的整合者，但由于其局限于采购环节，往往缺乏全局视角。这种局限性导致采购部门在推动工作时，可能过分追求降本而忽视了在价值链中挖掘利润空间，从而做出错误的决策。这具体表现在如下三个方面。

1. 供应商错配

错配是采购中常见的问题，主要源于品牌档次与项目定位不符、供应商能力与项目需求不符，或明知错配却受限于能力一错再错。例如，某高端项目的原设计方案是选用一线品牌，但采购为降本而推荐二三线品牌，导致质量问题频发，损害企业信誉。

采购部门通常专注于供应物料的采购和成本控制，主要职责是谈判价格、签订合同等，但引入新产品需要设计、成本、工程、营销等部门的联合参与评估。如果采购部门与其他部门的协同不足，会导致那些不断进行技术革新并推出新产品、新工艺的优秀供应商进不来。

【案例】

某行业前十强企业早期在标准户内门的技术评审中很少采纳供应商的优化方案。直到换了一位有担任木制品厂家质量技术经理经验的对接人，通过研究与梳理行业标准规范，结合企业产品业态，重新梳理户内门技术标准，才推动了设计方案的优化更新。

原因分析：

原先，采购人员因需对接多种材料，专业能力有所局限，且多采取保守策略以规避职业风险。而设计部门则专注于设计效果的呈现，对结构和标准的优化缺乏主动推进。新来的对接人员凭借其专业知识和经验，敢于确认和推进供应商提出的合理且必要的优化方案。

综上所述，采购部门在供应链管理中虽然重要，但其局限性也显而易见。为了实现供应链的整体优化，企业需要加强各部门之间的协同合作，提升采购部门的全局视角和专业能力。

2. 付款方式不友好

在资金密集型行业中，资金的高效应用至关重要。然而，现实中，不少企业过于注重资金运作，导致各部门工作均围绕"资金"展开，甚至出现了"以融资换订单"的现象。这种做法虽然为供应商开辟了绿色合作通道，但往往忽视了产品的适配性，使得合作的供应商并非最佳选择。

更有甚者，一些企业会擅自更改原先约定的付款方式，这无疑给供应商企业带来了更大的资金负担。这种做法忽视了供应链的风险管理，极易导致供应商拒绝继续履约，进而使供需关系破裂。真正的供应链管理应综合考虑各种潜在风险，并建立相应的风险管理机制。

【案例】

R企业为保证自身现金流的安全，开启了供应链融资。该集团集采中心约谈了大量供应商企业，提出了新的合作条件，即"以融资换订单"的合作模式。这一模式初期令许多供应商无法接受。某瓷砖品牌厂家在融资2000万元后，最终收获了1亿元的合作订单，相当于1∶5的杠杆比例，占据了 R 企业市场份额的 70%，成为当年最大的赢家。然而，市场是变化的。在接下来的 1 年里，市场政策不断收紧，该供应商面临极大的资金压力，开始全面收缩战略，不再履约，导致合作关系破裂。

启示：

市场行情好时，供应商通过"以融资换订单"的方式可以快速扩大规模、做大市场；但面对市场突变的情况，供需双方的资金压力都会急剧增大，供需之间的关系就可能走向破裂。

3. 盲目追求最低价

"最低价中标"的做法长久以来备受行业诟病，其通过盲目压低采购价格来展示部门业绩，实则是一种狭隘的成本管理理念。"最低价中标"招募的供应商背后是履约风险。过分信赖供应商前期的夸大承诺，常常引发供需双方的诸多矛盾，最终导致合作关系破裂。

采购部门往往只追求短期的成本降低，而供应链管理部门则需要综合考虑成本、服务水平、质量、响应速度等多方面指标，追求长期的增值和持续改进。

【案例】

某知名涂料企业参与 X 企业 2019 年度外墙涂料集采，报出了 38 元/平方米的双包价格。这个中标价格令当时参与投标的同行感到震惊，不过采购部门对此招标价格感到满意。然而，2020 年初新冠疫情暴发，各大项目停工。由于疫情导致的供应链中断和物流配送滞后，以及原材料紧缺和价格波动，4 月 9 日项目再次开工时，尽管需要该涂料厂家供货，但与该厂家合作的工程代理商因价格太低无法配合项目落地实施。X 企业采购部门不得不临时约谈其他品牌供货。但刚刚复工，各大厂家货源紧张，采购部门不得不临时调高价格寻求其他供应商合作供货。造成最终的采购价格高昂，给企业带来了巨大损失，该供应商也被拖入黑名单。

原因分析：

涂料集采是由涂料生产商参与并报价的，不仅要报涂料价格，还要报施工价格、措施费等。这些价格往往都是固定的，可调整范围非常小。

企业集中采购仅仅着眼于数量的累积，然而每个项目的具体情况却充满变数。若未将外立面的复杂程度、涂料品种以及工期等关键因素纳入考量，厂家所提供的措施费价格往往难以精准。

集采入库是供应商获得合作入场券的关键一步，签订集采协议是获得订单的重要一环。为了拿到这张门票，一些供应商企业会不惜一切代价签单，无论什么条件都要接受。这种行为导致了一些负责战略集采的销售人员采取无底线的低价投标策略，以赢得合同，正如某市财政部门在处理一起政府采购案件中所发现的，低价投标可能扰乱市场秩序，影响产品质量，甚至涉嫌违法。他们清楚公司的价格底线，并通过拆解合同总价的方式获得企业高层领导的审批通过。然而，到了真正落地时，工程代理商却不愿意配合，最终导致履约出现严重问题。

案例中的供应商企业显然是为了拿到集采门票而采取了低价策略，导致履约出现严重问题。这不仅给企业带来了巨大损失，还损害了企业的品牌信誉。因此，在供应链管理中，必须避免盲目追求最低价的现象，综合考虑多方面因素，建立合理的价格机制和风险管理机制。

二、职业属性导致价值被忽视

采购常被外界视为一项光鲜亮丽的职业，同时也伴随着诸多误解，如"采购就是花钱的部门，谁都能干"或"采购是收礼办事，油水多的部门"。在这些错误认知的影响下，许多企业内部的采购岗位并未实现职业化。尽管引入了职业经理人担任采购负责人，但受限于公司制度体系的不完善，这些职业经理人的决策权力受限，难以充分发挥其才能。

可以说，无论在企业内部还是社会层面，采购岗位本身的专业价值都被严重忽视，具体表现为如下两点。

1. 老板不信任采购人员

包括很多老板在内的多数人，往往会把采购与贪污腐败联系在一起。因此，很多企业的采购决策几乎都是老板亲自拍板。对于职业经理人推荐的供应商，老板通常会持谨慎态度。

例如，某小型企业的职业经理人曾请求我推荐行业内的优秀供应商。当我与某供应商企业的总裁表达合作意向时，该总裁透露，该企业的老板已经与他们进行了沟通交流，并提交了方案汇报。也就是说，当采购人员根据招标节点开展工作时，老板已经私下与一些供应商进行了洽谈，且进展颇大。采购人员的工作成了形式上的流程，因为老板心中早已有了心仪的合作伙伴。

中小企业难以做大，很大程度上归因于老板的过度干预。缺乏信任和放权，即使职业经理人再优秀，采购工作也会平庸化，难以发挥专业价值。

2. 沦为平庸的流程执行部门

由于采购的专业价值未被充分认识，以及老板的不信任，采购部门往往沦为仅仅执行流程的部门。

在前期选型阶段，如设计定样、成本预算与合约规划时，采购部门往往被忽视，而缺乏前期的深入沟通，会导致采购工作极为被动。采购部门仅获得一份产品清单，却对选择这些产品的理由一无所知。

有些企业的项目人员投诉招标的产品在一线无法应用，要求自行招标进行替换。这种做法既干扰了采购部门的工作，又违反了公司的采购招标管理制度。然而，在决策会议上，老板出于业绩考量，常倾向于一线立场，削弱了采购制度的权威性。

采购部门一旦丧失主导权，便沦为流程执行部门，任何人皆可胜任，无法体现其专业价值。

三、错把采购管理当供应链管理

采购是供应链管理中的一部分，且是最易延伸的部分，但两者不能混为一谈，企业需明确两者之间的区别。不过，在咨询实践中，我发现许多企业普遍"将采购等同于供应链"。这种误解往往导致采购在推动业务时无法取得预期效果。具体来说，如果企业将采购视为供应链管理，会产生以下几方面的负面影响：

1. 忽视了供应链管理的整体性和复杂性

供应链系统是一个复杂的网络结构，由众多成员企业构成，这些企业通过物流、信息流、资金流建立动态连接，形成一个需要紧密协作的系统。采购只是其中重要的一环，但并不能代表整个供应链。将采购视为供应链的全部，会忽略供应链管理的全面性和深层复杂性，阻碍企业从全局角度优化供应链，进而提升整体效率。

2. 忽略供应链中的其他关键环节

除了采购，供应链还包含生产计划、库存管理、物流配送、销售管理等多个关键环节。这些环节相互关联、相互影响，共同构成了供应链的整体框架。将采购与供应链等同视之，企业可能忽视其他关键环节，造成短板，削弱供应链的整体效率。

3. 难以有效应对供应链风险

供应链的各个环节都潜藏着一定的风险，如供应商破产、自然灾害、运输事故等。这些风险可能导致供应链中断或延迟，给企业带来损失。将采购等同于供应链，会使企业觉察不到这些风险，从而难以制定出行之有效的应对措施，以增强企业的抗风险能力。

4. 影响企业的决策制定

将采购等同于供应链，企业可能会过分关注采购环节的成本和效益，而忽视供应链中其他环节的影响，导致企业做出错误的决策，如选择不合适的供应商、制定不合理的生产计划等，进而影响企业的整体运营效率和竞争力。

因此，企业应全面理解供应链的概念和内涵，将供应链管理视为一个整体，注重供应链中各个环节的协作与优化，以提高企业供应链的整体效率和竞争力。

第三章　破僵局：五维法则构筑高效供应链

基于前面两章的介绍，我们知晓了企业供应链的重要性。那么，企业该如何升级供应链，突破口在哪？如何建立正确的供应链认识？供应链转型从哪些维度开始？本章将重点进行介绍。

))) 第一节　从采购到供应链管理的升级之路

在为企业提供咨询服务的过程中，我们观察到，企业在推进供应链升级时，常将采购环节作为首要切入点，以此作为转型的突破口。这是因为采购位于价值链的中间段，既"承前启后"又"内外兼修"，从采购环节进行组织变革，能更有效地推动企业供应链管理职能的升级。

一、采购与供应链紧密相连

采购是供应链管理的起点，它连接着企业内部的设计、生产、营销等部门，以及外部供应商。采购部门不仅负责物料和服务的获取，还涉及与供应商的关系管理、价格谈判、合同管理等多个方面，直接影响产品质量、成本和交付周期等关键指标。通过将采购部门升级为供应链管理中心，可以更直接、更全面地影响整个供应链的运作。

另外，供应链本身是整合多个参与方协同合作，采购部门作为企业与外部供应商之间的桥梁，与多个部门有密切的合作关系。升级为供应链管理中心后，采购部门能破除部门隔阂，优化部门间利益协调，强化跨部门合作与信息流通，从而提升企业的整体运营效率。

因此，企业通过扩展和深化对采购活动的理解和管理，逐步将注意力转向整个供应链的运作和优化，是实现向供应链管理升级的有效途径。

二、市场需求倒逼采购人转型升级

随着市场竞争的加剧和客户需求的变化，企业越来越需要优化供应链管理以提高效率和降低成本。供应链优化是提升生产效率和控制成本的重要手段，涉及多个方面的科学方法。例如，企业需要对供应链进行全面评估，识别潜在的瓶颈和低效环节，通过数据统计和分析来实现，包括成本、库存、销售、供应商和物流等方面的数据。此外，引入先进技术如物联网、大数据、人工智能等，可以提高生产自动化水平，降低人工成本，提高生产效率。拥有采购经验和技能的员工，转型为供应链管理者，将为企业创造更大价值。当然，采购人员转型为供应链管理者具备一定的优势条件。

采购人通常需要具备市场分析、谈判技巧、供应商管理等多方面的技能和素质。这些技能和素质在供应链管理中同样重要。供应链管理者需具备全局视野，协调各环节运作，并具备一定的市场分析和谈判技巧。

因此，采购人员的技能和素质要求与供应链管理者有较高的重叠度，使得他们更容易适应供应链管理的角色。

三、向供应链管理的转型路径清晰

企业在转型升级为供应链管理时，不同企业的情况各异，既可以从采购部门切入，也可以从生产部门、物流部门或销售部门切入。企业选择从哪一环节开始升级供应链管理，需依据自身特色、发展阶段及管理需求而定。

不过，由于工程项目的特殊性，建筑企业选择将采购部门升级为供应链管理中心是一个常见的策略，因为采购部门在供应链管理中扮演着至关重要的角色。

个人欲转型为供应链管理者，需通过深入学习供应链管理知识、熟悉供应链各环节运作、参与实际供应链项目等途径，积累经验，提升能力。对于企业来说，要向供应链管理体系转型升级，可以参见本书第四~八章介绍的供应链转型五维法则。

))) 第二节　建立对供应链的系统认识

一、供应链的不同分类

不同人员或企业对于供应链的理解不同，本小节将对供应链管理领域存在的多种分类方式进行介绍，便于我们形成统一的认知。

1. 按目标对象划分

①生产供应链：生产供应链是指关注产品的生产和物料流动过程，以确保生产过程的高效、质量和成本控制。其焦点在于生产环节，包括原材料的采购、生产计划、生产过程控制、工程管理等，目标是优化生产流程、提高生产效率、降低生产成本，并确保产品质量达标。

②销售供应链：销售供应链关注产品销售和市场需求的满足，确保产品及时、高效地送达客户手中。其核心在于优化订单管理、配送物流、库存控制和客户服务，旨在提升订单处理效率、降低库存成本、增强供应链透明度、缩短订单周期，并通过这些措施提高客户满意度和销售业绩。

2. 按业务流程划分

①供应链规划：包括需求规划、产能规划、物料计划等，旨在确保供

应链能够满足客户需求。

②供应链采购：包括物料采购、供应商管理、采购订单处理等环节，以确保获得所需的原材料和产品。

③供应链生产：包括工程管理、生产计划、制造过程控制等环节，确保生产过程高效、质量可控。

④供应链配送 / 物流：包括仓储管理、运输管理、订单履行等环节，以确保产品按时送达客户手中。

3. 按物流方向划分

①上游供应链：负责向企业提供原材料、零部件和其他生产所需物资。

②下游供应链：负责将企业生产出的产品送达终端客户手中。

4. 按参与主体划分

①内部供应链：指在同一企业组织内部不同部门或不同生产环节之间的供应链关系。

②外部供应链：涉及跨组织供应链关系，涵盖公司与供应商、物流服务提供商、分销商等外部合作伙伴。

5. 按产品流向划分

①正向供应链：指从原材料供应商到生产商，再到最终用户的产品流向路径。

②反向供应链（逆向供应链）：指由终端用户向生产商、分销商甚至原材料供应商方向的产品回收和再利用路径。

6. 按功能划分

①物料供应链：着重于原材料、零部件等物料的供应和管理。

②金融供应链：着重于资金流向、贸易融资、供应商支付等金融方面

的供应链管理。

二、供应链核心职能介绍

第一章中，我们已简要对比了房地产建筑供应链与制造业供应链的不同，本节则基于房地产建筑业供应链的特性，深入探讨其核心职能。

房地产建筑业供应链属于生产供应链范畴，鉴于建筑空间固定不可移动，整合上游供应商后无须后端仓库物流环节，物流管理仅在生产阶段显现，故主要围绕生产活动展开。在生产供应链中，链主企业主要负责两大环节：供应链选品选商与供应链履约交付，如图 3-1 所示。

图 3-1　生产型供应链的核心职能

具体来说，生产型供应链的核心职能可分为以下七个方面。

1. 计划管理

制订供应链的整体计划和战略，包括物料需求计划制订、生产计划排程等；确保生产计划与销售预测相互匹配，避免生产过剩或库存不足情况的发生。

2. 采购管理

负责产品选型、供应商评估和谈判，确保选用优质的原材料和产品；依据企业实际需求、市场动态及供应链策略，精准执行采购计划，并保障物资及时到位。

3. 合同管理

落实合约规划，与供应商签订采购合作协议，并严格执行合同条款；维护并优化与供应商的合作关系，确保供应商严格履行合同义务，高效处理合同变更等相关事宜。

4. 供应商管理

建立供应商数据库，实施供应商评价机制，定期对供应商绩效进行评估；与供应商建立长期而稳定的合作关系，并通过与供应商协作，共同提高供应链的效率与竞争力。

5. 物流供应管理

依据生产计划和精准的需求预测，制订科学合理的配送计划，确保物资准时送达生产现场；协调各方的动态调整，保障物资的供应、运输和分发，减少物资在运输过程中的延误和损耗。

6. 质量管理

关注物资供应的质量，建立完善的质量监管体系和质量控制标准；持续改进质量管理方法，加强质量巡检和监督，及时发现并解决质量问题，维护供应链中的产品质量。

7. 结算及票据管理

设定明确的结算规则和流程，确保结算的准确性和及时性；管理上下游的资金流动，监督结算过程，保证结算环节的合规性，同时做好票据管理与归档工作。

三、建筑供应链的特殊性

工程项目的链主企业的主要职能在于资源整合与统筹管理，因此，与制造业供应链相比，建筑供应链不仅拥有一条物资供应链，还有一条服务供应链，如图 3-2 所示。本书重点探讨物资供应链，同时，在涉及业务协同的部分章节中，也会适当探讨服务供应链的相关内容。

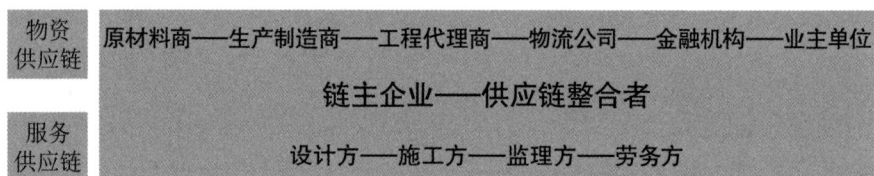

物资供应链	原材料商——生产制造商——工程代理商——物流公司——金融机构——业主单位
	链主企业——供应链整合者
服务供应链	设计方——施工方——监理方——劳务方

图 3-2　建筑行业拥有两条供应链

本书中讨论的物资供应链颗粒度并未达到原材料商层面。在实际产业链供应链资源整合中，多为半成品采购，并未涉及最前端的原材料商。在建筑供应链的话语体系中，一般把生产制造商、工程代理商统称为供应商。而工程项目的物资流动多为端到端模式，不论物资供应方是生产制造商还是工程代理商，在需求方眼中均被视为供应商。

此外，工程项目中还有一类特殊的品类，即 MRO（指非生产性物料）品类，会涉及中间贸易商的供应。在后面章节中会有关于 MRO 供应链的详细介绍。

))) 第三节　五维法则助力供应链升级

企业下定决心要向供应链转型的过程中，常常因缺乏有效的方法，导致转型不彻底，甚至半途而废。我们结合咨询服务的实践经验，总结了一套方法论，即供应链转型"五维法则"。

本小节从供应链管理视角出发，详细阐述了打造一条强有力供应链的"五维法则"。

一、五维法则是什么

在为企业提供从采购升级为供应链管理的咨询实践中，我们总结并应用了供应链转型升级的"五维法则"，如图3-3所示。这一法则通过优化供应链各环节，旨在提高运营效率、降低成本、提升客户服务水平，从而促进企业转型升级，增强核心竞争力。

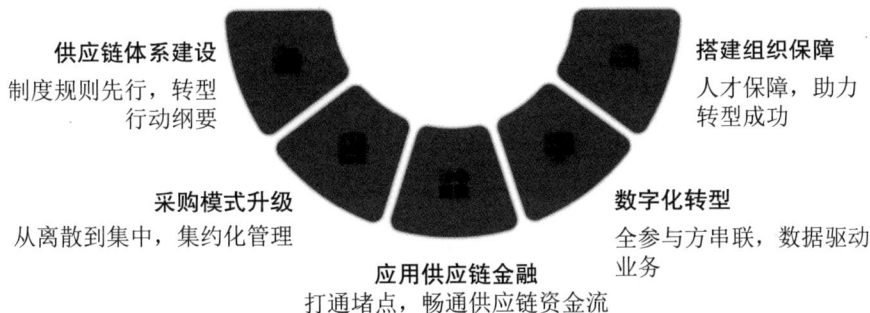

供应链体系建设
制度规则先行，转型行动纲要

搭建组织保障
人才保障，助力转型成功

采购模式升级
从离散到集中，集约化管理

数字化转型
全参与方串联，数据驱动业务

应用供应链金融
打通堵点，畅通供应链资金流

图3-3　供应链转型五维法则

1.供应链体系建设

供应链体系建设是打造供应链管理的基础，包括建立完整的供应链网络、流程、职责和协作机制等。完善供应链体系建设，能够确保供应链运作的有序性和高效性。

体系建设是供应链转型的行动纲领，凝聚了企业的实践经验与管理理念，解决供应链实际业务过程中合规性、公平性等问题。

2.采购模式升级

要确保供应链的稳定性、灵活性，采购模式升级是必由之路。通过升级为集中采购模式，企业能够发挥规模效应，降低采购成本，整合采购资源，提升采购质量，统一采购标准，规范采购行为，从而实现需求、供应、资金的集约化管理。集采模式可以集中采购资源、实现规模效应，优化供应商管理，从而降低采购成本、提高采购效率，提升整个供应链的综合效益。

3. 应用供应链金融

应用供应链金融工具，可以优化企业资金管理流程，加速资金流动，降低融资成本，提高资金利用效率，从而确保供应链运作的畅通与稳定。

4. 供应链数字化转型

实施供应链数字化转型是通过信息技术将传统的供应链管理模式转变为数字化、智能化，实现供应链各环节的智能协同和高效运作。

数字化转型有助于提升供应链的可视性、响应速度和决策效率，进一步优化供应链运作。同时，数字化串联各参与方，增强了协同性，实现数据驱动业务的高效运转。

5. 供应链组织保障

企业发展的不同阶段，需要根据实际业务搭建匹配的组织体系。为了确保供应链转型的成功及运作的顺畅，企业需重新构建与之相匹配的组织结构、人才培养机制，并营造相应的文化氛围。

二、五维法则之间的相互关系

供应链转型升级的五个维度之间存在着紧密的相互关系，共同推动着供应链的全面优化和升级。

首先，供应链体系建设是对整个供应链的全面规划和优化，为其他四个维度提供稳定的基础和框架。

其次，采购模式升级是供应链转型升级的基石。随着市场竞争的加剧和消费需求的多样化，传统的采购模式已经难以满足企业的需求。将传统采购模式升级为集中采购模式，能够直接增强供应链的稳定性，有效降低采购成本，并提升采购效率及服务响应速度。供应链体系的建设为采购模式升级提供了方向和支持，确保升级过程的顺利进行。

第三，供应链金融是供应链转型升级的关键动力。它通过引入金融机构的支持，为供应链上的各个环节提供资金支持，缓解资金压力，提高供应链的稳定性和可持续性。同时，供应链金融还能够促进供应链上各企业之间的合作与共赢，推动整个供应链的协同发展。而通过优化供应链体系和采购模式，例如基于 B2B 和 B2C 电商平台、支付平台、ERP 系统以及一站式供应链管理平台的应用，供应链金融得以在多个领域实现落地，为合作双方提供了更丰富的应用场景和坚实的合作基础。

第四，供应链数字化是供应链转型升级的核心引擎。它凭借大数据、人工智能等尖端技术的引入，实现了供应链的智能化管理，进而提升了供应链的协同效率，并有效降低了运营成本。数字化转型需要供应链体系的支持，同时也能够为供应链金融等提供数据支持和智能支持，提高供应链金融的效率和准确性，使资金流动更加便捷和安全。

最后，组织保障是供应链转型升级的重要保障涉及企业内部的组织架构、人员配置、流程优化等方面。一个高效、灵活的组织架构能够为企业实施供应链转型升级提供有力的支持。此外，组织保障还需与其他四个维度紧密协作，共同推动供应链的全面优化与升级。

综上，企业在实施供应链转型升级时，需要全面考虑这五个维度的影响和作用，确保它们之间的协调配合和相互促进。本书的第四章～第八章将分别阐述这五个维度的具体内涵。

第四章　建体系：打造供应链管理的三大体系

供应链体系建设是打造供应链管理的基础。在供应链体系建设中，制度先行，定好运营规则，方可确保整个供应链运作有序、高效。本章节将重点介绍供应链管理体系中的规则体系。

))) 第一节　采购管理向供应链平台运营的转型

从采购向供应链转型并非一朝一夕之功，而是一个随着企业业务需求逐步深化、循序渐进的演变过程。唯有在全面把握供应链发展大局的基础上，我们才能洞悉如何构建企业的供应链管理体系。

本节内容将重点探讨从采购向供应链运营进阶的三个大阶段、六个不同场景，如图 4-1 所示。

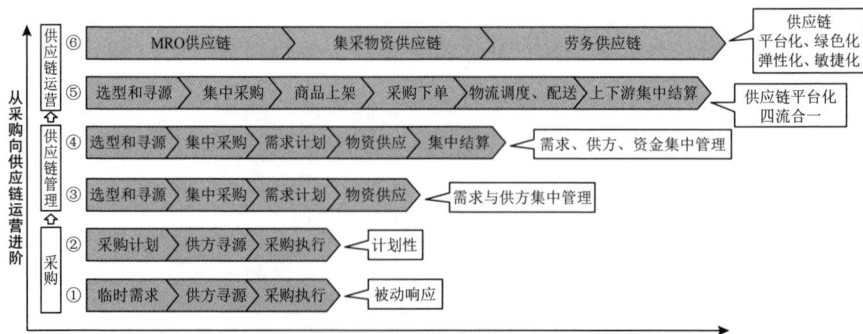

图 4-1　从采购向供应链平台运营的三个阶段

第一阶段：采购阶段

场景①在企业发展的初级阶段，由于对物料缺乏规划，往往是临时需求被动响应，采购部门负责供方寻源与采购执行，业务流程相对直接且单一。

场景②包含三个关键环节，分别是采购计划、供方寻源、采购执行，企业已经认识到确保采购需求能够及时得到满足的重要性，并着手制订详细的采购计划。这是一种主动行为，采购的及时性得到了一定的满足。

第二阶段：供应链管理阶段

场景③主要包含四个关键环节，分别是选型和寻源、集中采购、需求计划、物资供应。这是供应链发展的雏形，此阶段采购已经整合了企业内的所有供应商资源，实施了供给端的集中管理；供应端也整合了企业内的所有需求资源，实施了需求端的集中管理。

场景④主要包含五个关键环节，分别是选型和寻源、集中采购、需求计划、物资供应、集中结算。此时不仅实现了两端的供应与需求集中管理，还实现了对资金的集中管理，部分企业还设立了物资材料公司或物流公司，以进行更为精细的税务筹划。

第三阶段：供应链运营阶段

场景⑤包含六个关键环节，分别是选型和寻源、集中采购、商品上架、采购下单、物流调度与配送、上下游集中结算。此时的供应链管理已经开始独立的平台化运营，企业会搭建互联网电商平台，前端的采购侧重于选品选商与商品上下架管理；后端的供应侧重于交付与结算。整个链条的复杂性和难度显著提升，不再仅仅局限于内部协同，而是整合了多方参与者，实现了内外部的高度协同与配合。同时，平台化运营意味着对供应链的质量负责，需要全过程的质量管理。

场景⑥在平台化的基础上不断升级裂变，可拆分为MRO供应链、集采物资供应链、劳务供应链，全面围绕工程项目的业务需求提供平台化、绿色化解决方案，依托数字化、在线化、智能化的手段，供应链变得更加富有弹性，能够高效敏捷地满足各种需求。在此阶段，供应链平台已经是一个庞大的生态系统，拥有了丰富的数据资产，不仅对内提供供应链服务，还能够依托数据驱动生态伙伴的业务增长。

))) 第二节　实现供应链价值闭环的三大体系

本节聚焦于上节所阐述的第二阶段，即供应链管理阶段，这是企业由采购思维转向供应链管理思维的关键转折点。

一、零和博弈造成供应链双输局面

许多仍停留在采购思维阶段的企业，最常犯的错误是过分追求招投标的"最低价中标"，中标价格被不断压低，没有最低，只有更低，而忽视了供应链关系的持久稳定。这种做法不仅损害了供应商的利益，最终也影响了采购方的利益，导致了双输的局面。招投标原本旨在通过比价帮助企业降低成本并筛选出优质供应商，但在实践中往往演变成了供需双方之间的零和博弈。

在供应侧，某行业头部供应商企业的副总裁曾坦言："我们作为行业的领头羊，现在正面临定价权丧失的问题。原材料价格不断上涨，但集采的定标价却同比下降了10%～15%。"这充分揭示了最低价中标策略给供应商带来的沉重压力。

在采购侧，某国企的采购负责人也表示："有些供应商在中标后，履约态度非常不积极，甚至在过程中要求额外加价。这导致区域投诉非常多，我们不得不将这些供应商纳入黑名单。"这有力地证明了最低价中标策略给采购方埋下的风险隐患。

在工业化时代，价值创造遵循微笑曲线，如图 4-2 所示。采购部门为彰显其价值创造，常在价格上着力，这无意中加剧了供需双方的零和博弈态势。然而，进入深度互联网时代，信息已经高度对称，追求共赢而非零和博弈，已经成为越来越多企业所追求的目标。

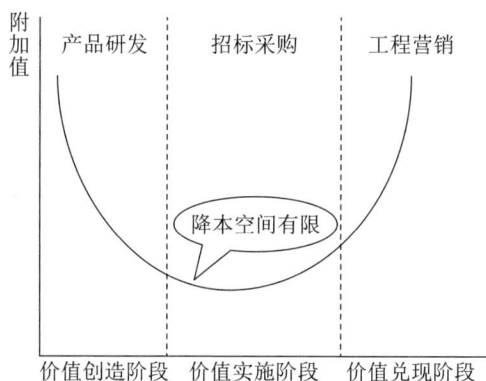

图 4-2　工业化时代的微笑曲线

二、新模式：在价值链中实现降本增效

在零和博弈模式下，采购部门为了体现自身价值，往往不得不依赖于"最低价中标"在企业中刷存在感。

为了打破这一僵局，我们在实践中提出了一种新模式。在供应链管理的新模式下，采购部门作为关键环节，通过数字化和智能化的手段，以及与供应商的紧密合作，成为实现供应链价值的关键。通过加强各个业务模块之间的信息沟通与协同，形成高效协同的网络，实现从价值创造到价值实施，再到价值兑现的全业务流程价值闭环。

企业从单一的采购管理向全面的供应链管理升级时，供应链的前端、中端及后端将实现全面贯通。在这一过程中，每一个环节都变得至关重要，缺一不可。降本增效的目标不再局限于采购环节的"最低价中标"，而是要在整个供应链的价值链条中挖掘利润空间。

为了更清晰地阐述打通全价值链条的过程，我们将全价值链分为三个阶段：价值创造、价值实施和价值兑现，如图 4-3 所示。前端由设计成本部门协同，共同促进价值创造，确保产品定位精准；中端则由采购部门组织内外协同，推动价值实施，精心策划采购招标；后端则由工程营销部门携手合作，实现价值兑现，确保交付实施顺利。

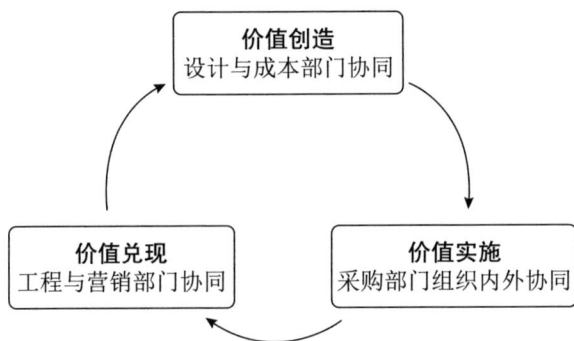

图 4-3　全价值链条打通

三、构建实现供应链价值闭环的三大体系

在新模式中，我们在价值创造、价值实施和价值兑现三个阶段分别打造适配体系、采购体系和应用体系，以实现供应链的价值闭环，如图 4-4 所示。这三大体系共同构成了供应链价值闭环的框架。

1. 价值创造阶段：打造适配体系

在价值创造阶段，企业的适配体系是核心。这一体系帮助企业实现供应商资源的集中管理，对成本和产品定价产生深远影响，进而决定企业的市场竞争力和投资回报率。

价值创造阶段——适配体系

- 为什么买？

  > 入围标准
  > 谁能进来？

- ——解决适配的问题

价值实施阶段——招采体系

- 如何买？

  > 定标标准
  > 谁能合作？

- ——解决合理合规的问题

价值兑现阶段——应用体系

- 如何更好地用起来？

  > 履约标准
  > 谁能持续？

- ——解决应用交付的问题

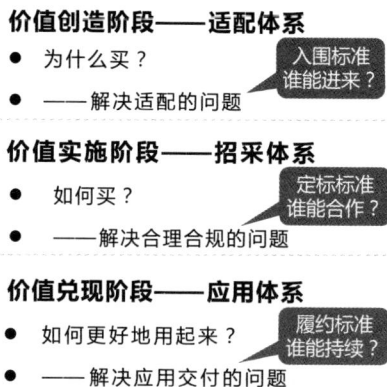

图 4-4 供应链价值闭环框架的三大体系

打造有效的适配体系，关键在于设计与成本的协同。设计阶段决定了 80% 以上的成本，因此必须确保产品选型与供方选择能一次性正确。我们总结出的方法论是"三层一体"，包括定位环节、标准环节和产品环节，如图 4-5 所示。

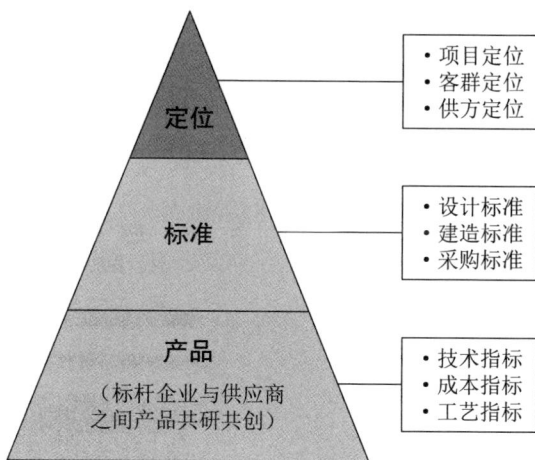

定位
- 项目定位
- 客群定位
- 供方定位

标准
- 设计标准
- 建造标准
- 采购标准

产品
（标杆企业与供应商之间产品共研共创）
- 技术指标
- 成本指标
- 工艺指标

图 4-5 供应链适配体系

通过明确项目定位、客群定位、供方定位，以及设计标准、建造标准、采购标准，最终落实到具体的技术指标、成本指标和工艺指标，从而确保适配体系的准确性和有效性。

此外，在价值创造阶段，还需要重点强调供应商的入围标准。企业要基于发展定位和项目标准的梳理，制定相应的标准。换言之，就是企业选择某家供应商和某款产品的理由。这可以帮助采购人在面对众多供应商和产品时能高效筛选取舍，确保前端工作能做到一次性正确。

2. 价值实施阶段：打造采购体系

在价值实施阶段，重点是与适配的供应商建立合作。合作方式的选择应基于品类特征、重要性、企业资金情况和采购业务能力等因素。同时，招标采购时，企业要确保参与投标的供应商处于同一档次，防止劣币驱逐良币，以得到合理的定标价。

另外，每个品类的技术标准、行业规范、管理水平和行业成熟度各不相同，因此企业需要结合实际情况，为各品类建立相应的评标标准，避免一刀切的情况发生。

3. 价值兑现阶段：打造应用体系

在价值兑现阶段，打造应用体系主要体现在供应链的物资供应环节的机制构建上，核心是保证做好交付。在没有建立供应链管理体系之前，企业往往依赖采购部门的协调，但采购部门与应用部门之间是分离的，这可能导致产品不匹配现场需求，以及因为协同问题而导致优质供应商流失。

因此，当企业依托供应链管理建立应用体系后，应对供需双边的协同、全过程质量管理、服务及时性等负责并进行监管，明确履约标准，既对内建立验收标准规范，又指引供应商如何配合项目现场的管理要求，确保项目需求与供应商需求同时得到满足，从而实现供应链的持续稳定发展。

))) 第三节　供应链管理全过程制度体系建设

为了实现从采购向供应链的转型，企业需要构建和完善一系列的制度文件，以确保供应链管理的顺畅进行。我们将这些制度规则划分为五个关键模块，分别是供应链选品选商制度、供应链履约交付制度、供应链绩效考核管理制度、供应链信息数据管理制度与供应链平台运营规则，如图 4-6 所示。

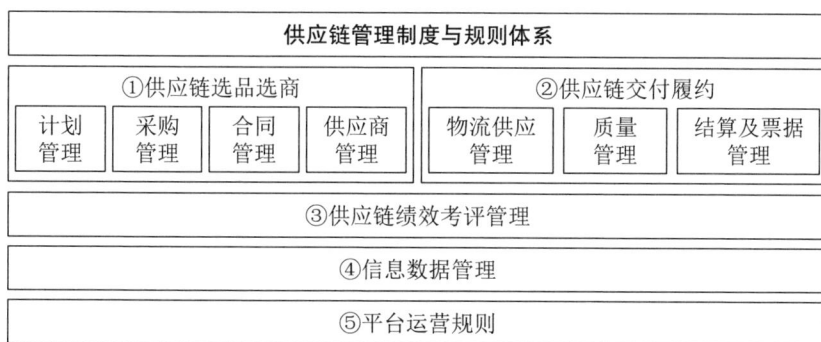

图 4-6　供应链管理制度与规则体系框架

一、供应链选品选商制度

企业需要制定一套科学的选品选商机制，以确保所选产品和供应商能够满足市场需求和企业战略目标。这包括但不限于：市场调研，了解市场需求，预测市场趋势；产品定位，根据市场需求和企业优势确定产品定位。

企业在进行选品与选商时，需配套建立计划管理、采购管理、合同管理以及供应商管理等制度。

1. 计划管理制度

计划管理是供应链管理的核心，它涉及整个供应链流程的规划和协调。

编制《计划管理制度》文件，包含需求计划、采购计划、生产计划、库存计划、物流计划、供应链协调计划等，附带各类型《×××计划表单》，具体如下：

（1）需求计划管理：内容包括对市场需求趋势的分析、产品销售预测、库存水平规划等，以确保企业及时准确地满足客户需求。

（2）采购计划管理：内容包括根据需求计划和供应商信息制订采购计划、确定采购数量、采购时间、采购价格等，以保证原材料和产品供应的及时性和经济性。

（3）生产计划管理：确立生产任务、生产流程、生产进度、生产资源分配等内容，以保证生产过程的有序进行，满足客户需求。

（4）库存计划管理：设定库存水平目标、库存周转率目标、安全库存量等，制定库存管理策略，避免库存积压或物料短缺。

（5）物流计划管理：确立物流运输方式、规划运输路线、制订运输时间计划以及仓库管理计划等，以优化物流运作效率，进一步降低运输成本。

（6）供应链协调计划管理：协调内部各部门间的合作关系，并制订与供应商、物流服务商等外部合作伙伴的协调计划，确保供应链各环节紧密协同，从而提升整体供应链的绩效。

2. 采购管理制度

采购管理关注的是原材料和商品的采购过程。企业需要制定明确的采购策略，编制规范的采购合同模板，并明确各项采购条款。

为了保证采购工作的合规性、公平性，需要编制《采购管理制度》作为保障，具体包含以下几个方面的内容：

（1）采购政策与流程文件：包括企业的采购政策、采购流程、采购权限、采购规范等，为采购活动提供指导和框架。

（2）采购询价与比价文件：包括采购询价的程序、询价范围、比价依据等，用于确定最合适的供应商和产品。

（3）采购质量管理文件：包括对采购品质量的要求、检验标准、供应商质量管理等，确保采购产品符合质量标准。

（4）采购风险管理文件：包括对采购过程中可能出现的风险进行识别、评估和应对措施，保障采购项目的顺利进行。

（5）采购绩效评价文件：包括对采购绩效进行评价的指标、方法、周期等，促进采购部门的绩效持续改进。

3. 合同管理制度

合同管理是确保供应链各方权益的重要环节。企业应严格审查合同条款的合法性与合理性，并密切监控合同执行情况，以保障各方均能严格履约。

在编制《合同管理制度》文件时，一般包含以下几个方面。

（1）合同管理政策文件：应明确合同管理制度机构的设置、职责分配以及合同签订和审查流程，确保合同管理遵循企业原则、政策和目标，为合同管理提供详尽的指导和框架。

（2）合同管理流程文件：包括合同签订、合同履行、合同变更、合同终止等流程的规定和要求，确保合同管理程序有序进行。

（3）合同管理责任文件：包括各相关部门和人员在合同管理中的职责、权限、义务等规定，明确各方责任分工。

（4）合同分类管理文件：包括根据不同合同性质和内容进行分类管理，如采购合同、销售合同、服务合同等，便于管理和监督。

（5）合同模板和标准文件：包括标准合同模板、条款范本、标准合同条款等，以确保合同的一致性和规范性。

（6）合同审批流程文件：清晰界定了合同审批的具体流程和程序，明确了审批层级、权限及流程要求，确保合同能够经过合法合规的审批程序。

（7）合同风险评估文件：包括对合同可能涉及的风险进行评估和管理，制定应对措施，确保合同履行的风险可控。

（8）合同履行管理文件：涵盖合同履行的进度追踪、质量把关、成本监控等关键环节，确保合同能够按时、高质量地完成既定目标。

（9）变更管理文件：涉及合同变更申请、变更评估报告、变更审批流程等核心内容，全面管理合同变更的各个环节。

（10）合同归档管理文件：明确合同归档的具体要求、操作程序及存储方式，以保障合同资料的安全存储、完整保留及便捷查询。

4. 供应商管理

供应商管理是供应链管理的关键部分。企业需要针对供应商选择、供应商关系管理、供应商绩效评估进行明确的约定。

一份《供应商管理制度》包含供应商分类、供应商评估与选择、供应商绩效考核、供应商全生命周期管理，附带文件包括《供应商管理办法》《供应商考察管理办法》《供应商绩效考核方案》《供应商评价标准表》等。

（1）供应商分类：一般按供应商资质、公司实力、采购金额、风险大小、信用等维度，参照《供应商管理办法》，将供应商分类为合格供应商、战略合作伙伴、不合格供应商与黑名单供应商。

（2）供应商评估与选择：在评估前，参照《供应商考察管理办法》对供应商进行考察。供应商考察后，企业结合自身的标准要求，利用指标评价体系，根据不同类别供应商定制《供应商评分标准表》，对供应商进行各维度打分评价，优先选择合作分数最高的供应商。

（3）供应商绩效考核指标体系：为确保建立稳定、优质的供应商团队，企业根据供应商情况、企业目标及需求制定合理的评价体系，制定并实施《供应商绩效考核方案》，对供应商进行全面绩效考核，以此为依据淘汰不合格供应商，保留并深化与优秀供应商的合作。

（4）供应商全生命周期管理：供应商全生命周期管理，包括从建立管理供应商注册、审核、信息管理、供应商报名、供应商报价、供应商中标、供应商发收货、供应商绩效考核、供应商报表分析等。依据《供应商评价标准表》严格筛选，建立并持续优化优质供应商团队，同时消除双方的信息不对称，提升协作效率，共同开创双赢局面。

二、供应链交付履约制度

供应链交付履约关注的是产品从生产到交付的整个流程。企业需要确保产品能够按时、按质、按量交付给客户。对于工程项目而言，需要做好工程施工计划、库存管理、物流协调等。

基于供应链交付履约，配套的制度有《物流供应管理制度》《质量管理制度》《结算及票据管理制度》等。

1. 物流供应管理

物流供应管理关注的是物资从生产地/仓库到项目现场的物流过程。企业需精心规划物流网络及运输管理，以保障物资的安全、准时送达。

当企业处于采购阶段时，主要由销售方提供物流服务，管理非常被动，效率较低。当升级到供应链管理阶段时，企业能更主动有效地掌控物流，一方面加入销售方的物流体系，实时获取动态数据；另一方面通过自建物流体系，保障项目供应服务的稳定性。

当供应链管理部门独立为集团子公司时，诸如成立物流公司或材料公司，将会对外输出供应链服务，更是需要随时能掌控物资流向的动态。

供应链可分为 MRO 供应链、物资供应链、劳务供应链。MRO 供应链可自建可外采，这一类物资特点是小、散、杂，对时效性要求高，需要拥有明确的《物流供应管理制度》。物资供应链需要整合厂家、经销商资源，提前了解每一款材料的生产供货周期，生产供应需要前置沟通协调；劳务供应链则需要跟劳务班组协调调配。

《物流供应管理制度》具体包含以下几个方面的内容。

（1）运输管理制度：包括运输方式选择、运输计划制订、运输路线规划、运输成本控制等内容，确保货物在运输过程中安全、快速、高效地到达目的地。

（2）仓储管理制度：涵盖仓储设施规划、管理流程优化、精准库存管理及设备定期维护，旨在保障货物安全存放与高效流转。

（3）配送管理制度：涉及配送计划的精准制订、路线优化规划、人员的高效管理及全程跟踪，确保货物准时、安全送达客户。

（4）运输合同管理制度：包括运输合同的签订、履行、终止等管理流程和规定，确保与物流服务提供商的合作顺利进行。

（5）物流费用管理制度：包括物流运输费用核算、费用分析、费用控制等内容，确保物流成本在合理范围内控制。

（6）退货与售后物流管理制度：包括退货流程设计、售后服务物流安排、退货管理流程等内容，确保售后服务高效运作。

（7）物流信息系统管理制度：包括物流信息系统的建设、运行、数据管理、信息共享等内容，提高物流信息化管理水平。

（8）事故与紧急事件处理制度：包括物流事故处理预案、紧急救援措施、事故报告程序等内容，应对突发事件。

2. 质量管理

质量管理是确保产品满足客户需求的关键所在。企业须制定严格的质量标准，并构建完善的质量控制体系，以保障产品达标。

编制一份《质量管理制度》，包含以下几个方面内容。

（1）管理制度：包括质量方针、目标、职责分工、流程描述等，为整个质量管理体系提供框架和指导。

（2）控制程序：包括产品检验、过程监控、不合格品控制、纠正措施等，确保产品和流程符合质量标准。

（3）管理体系：涵盖质量目标设定、质量方针制定、质量程序执行、内审程序实施及管理评审等环节，旨在全面规范和管理整个质量体系。

（4）流程：以图表形式描述生产流程、检验流程、纠正流程等，清晰展示质量管理过程和流程关系。

（5）记录：根据《质量记录表》如实填报检验记录、检验结果、质量问题记录、改进措施记录等，用于记录质量管理活动过程和结果。

（6）内部审核文件：包括内部审核计划安排、审核结果、改进措施跟踪等，监督和评估质量管理体系的运作效果。

（7）不合格品处理：包括不合格品处理流程、责任人、处理方式、返工流程等，确保不合格品能得到及时处理和纠正。

（8）供应商质量管理：根据《供应商质量评估表》，记录对供应商的质量评估结果，确保供应商产品的质量达标。

3. 结算及票据管理

结算及票据管理关注的是供应链中的财务流程。企业需要清晰结算流程及票据管理，确保财务准确。

编制《结算及票据管理制度》，具体包含以下内容。

（1）货款结算方式：明确供应链各环节货款结算的具体方式，涵盖预付款、货到付款及月结等，同时制定并执行相应的结算流程。

（2）发票管理：全面管理和记录发票信息，涵盖发票种类、号码、开具时间及金额等，确保合规性，便于结算核对。

（3）结算周期：明确供应链相关方的结算周期及账期和支付时间，有效规避延误支付所带来的不利影响。

（4）票据审核：审核供应商发来的票据，确保票据的真实性和准确性，以避免因错误票据导致的结算问题。

（5）应收账款管理：管理应收账款，监控客户付款情况，及时跟进未结的账款，确保资金流动畅通。

（6）应付账款管理：管理应付账款，跟踪自己需要支付的账款，保证按时足额支付，维护供应链合作关系。

（7）电子结算系统：建立电子结算系统，实现自动化结算处理，提高结算效率和准确性。

（8）票据存档：妥善保存各类票据文件，确保票据的完整性和可查性，以备日后查询和审计。

（9）支付方式：确定支付方式，如银行汇款、支票、电汇等，并建立相应的支付流程。

（10）税务合规性：遵守税务法规，确保结算流程中的税务合规性，避免因税务问题带来的风险和损失。

三、供应链绩效考评管理制度

供应链绩效考评是评估和衡量供应链各个环节的绩效表现，以实现效率提升、成本降低和服务水平优化的过程。

为了规范和指导供应链绩效考评活动，企业通常需要建立一系列绩效考核的制度文件，具体包括如下几个方面。

（1）供应链绩效考评政策：包括绩效评估的原则、目标、方法、指标体系等，规范供应链绩效考评活动的实施。

（2）绩效评估流程：描述供应链绩效评估的流程和步骤，包括评估计划制定、数据收集、指标分析、报告输出等。

（3）绩效评估指标体系：包括各项供应链绩效评估指标的定义、计量方法、权重分配、目标设定等，用于评价供应链各个方面的表现。

（4）数据收集及分析：描述数据收集方法、数据分析技术、分析结果和结论等，为绩效评估提供客观数据依据。

（5）奖惩机制文件：规定供应链绩效优异者奖励措施、绩效不佳者处罚措施，激励和约束各参与方积极提升绩效。

（6）报告输出及沟通文件：包括绩效评估结果、改进建议、沟通计划和沟通渠道等，确保绩效评估结果有效传达和应用。

四、信息数据管理制度

供应链信息数据管理制度体系是指为了有效管理和运用供应链相关信息，以实现供应链高效运作和优化决策而建立的一系列制度文件。

编制《信息数据管理制度》，主要包含以下几个方面内容。

（1）信息管理政策：包括信息管理原则、安全保密要求、数据共享规范等，为供应链信息管理提供指导和规范。

（2）信息系统规划：包括信息系统建设目标、布局方案、实施计划等，规划和设计供应链信息系统体系结构。

（3）信息共享协议：确定信息共享的对象、内容、权限和义务，促进各环节信息互联互通和共享。

（4）数据管理规定：涵盖数据收集、存储、处理、分析、应用等方面的要求，确保数据质量和有效利用。

（5）信息安全管理：包括信息安全政策、风险评估、安全控制、事件应对等，保障供应链信息资产安全。

（6）业务流程信息化：将业务流程数字化、自动化，提高业务效率和可追溯性。

（7）信息系统集成准则：明确信息系统间的数据交互标准、接口规范及集成步骤，以保障系统间的顺畅协作。

（8）信息技术培训计划文件：规划信息技术人员和用户的培训需求，提升信息系统使用效果和管理水平。

五、平台运营规则

目前，很多企业建立了供应链管理平台，将供应链各参与方的交易线上化。作为互联网平台，需要建立各项规则确保平台的运营机制合规，双边交易合法。

根据既有的制度文件，我们可以提炼出业务流程，作为数字化平台建设的基础框架和日常运营的指南，确保平台运营的合规性和流程的顺畅实施。尽管前文的制度体系已相当全面，但鉴于平台运营的特殊性，仍需制定特定的平台规则来填补空白，进一步完善体系。

供应链管理平台的业务全流程，包括账号开通、采购下单、发货、验收、对账、开票、结算等环节，各环节都有相应的规则。例如，账号开通有账户管理规则、商品管理规则、店铺管理规则、价格管理规则，采购下单有账期管理规则、客户管理规则、客服管理规则，物流发货有发货效率规则，物资验收有质量管理规则、退换货规则等。企业制定这些规则的目的有三个：保证采购交易的合规性、保证平台运营正常运转、保证交易双方合法权益。

通过各种制度与规则的制定和完善，企业可以构建一个高效、稳定、可控的供应链管理体系，从而在激烈的市场竞争中占据优势。同时，这些制度与规则需要不断地根据市场变化和企业战略进行调整和优化，以适应不断变化的外部环境。

第五章　升模式：玩转集采，打造竞争力供应链

集中采购实现了需求、供应、资金的集约化管理，这是供应链转型升级的必经之路。本章将重点阐述集中采购的方法，帮助企业锻造集中采购的能力。

))) 第一节　集采是供应链升级的必经之路

集中采购是企业提升供应链管理能力的重要手段，促使企业的管理模式从离散型管理升级为集约型管理，从而提升企业的整体效益。

一、实施集中采购的价值

集中采购对于供应链管理有五大价值点，分别是降低采购成本、提升产品质量、标准化率提升、优化采购职能与资金统一管理。

1. 降低采购成本

集中采购的核心价值在于显著降低采购成本。通过将需求集中起来由少数几家供应商供应产品或服务，企业得以整合分散的供应链资源，大幅减少中间环节，还能以量换价，从而大大节省企业的采购成本。

【案例】

H 企业在上市之前，都是各地项目的一线采购部分散采购，导致采购

成本高昂，企业的利润处于行业的中下游水平。

意识到供应链管理的重要性之后，该企业从 2010 年启动集中采购，逐步将企业的采购归拢集中。他们首先梳理并整合了项目一线的需求，从钢材、管材、线缆等少数品类着手，逐步积累经验，并逐年扩大集中采购的覆盖范围。在供应商管理上，一方面将在各项目上合作优秀的供应商纳入集中采购备选合作供应商库中，另一方面引入更多优质供应商资源。

随着 H 企业经营规模的不断扩大，仅材料部分的年度采购额就达 200 亿元，但通过集中采购模式，其采购价格比同行低 20% ~ 30%，为企业节省了大量的成本，推出的产品在市场上颇具竞争力，为该企业跨区域全国化发展提供了强有力支持，同时企业的利润也大幅提升。

2. 提升产品质量

企业分散式的单一项目采购，因为需求量不足，且采购预算受控，往往很难与行业优质的大型供应商进行合作，最终导致产品力不足。通过集中采购，不仅可以以量换价，更能获得行业优秀品牌和拥有较强实力供应商的优质产品和服务，让产品价廉质优。

【案例】

X 企业的总部在广东，近年来在北京、南京、杭州等地均建有项目，但屡次被客户投诉产品质量问题。该企业将存在质量问题的材料送检，发现它们确实不符合国标。进一步查询材料来源，发现供应商要么是一些不知名的小厂所，要么是某个已经注销的贸易公司。

为此，企业专门开展质量专项行动，在项目建造过程中派专人巡检。然而，一些隐蔽工程的材料依然不时出现严重的质量问题。最后，X 企业决定收归采购权，由集团统一采购，借鉴了典型企业的采购管理经验，通过梳理统一的技术标准、入围要求，并对供应商进行集中考察、产品质量检测，从根本上保障项目工程材料质量。

3. 标准化率提升

以涂料为例，不同厂家采用的计量单位不一致，如平方米、公斤、桶、升、吨、加仑等，且即使同一计量单位，涂布率也可能存在差异，这导致在产品计价、选型及后端用量上存在极大偏差。

由此可见，集中采购的顺利实施离不开企业的标准化建设。将过去非标设计、产品语言不统一转变为标准化统一的产品与产品编码，是实现聚量采购的前提。在与众多企业的交流过程中，我们发现标准化是供应链转型的难点之一。在降本需求的牵引下，通过实施集采推动标准化率提升，是企业供应链转型升级的重要步骤。

标准化实施可分为产品端标准化与业务端标准化，两者共同构成了供应链管理升级的基础，如图 5-1 所示。

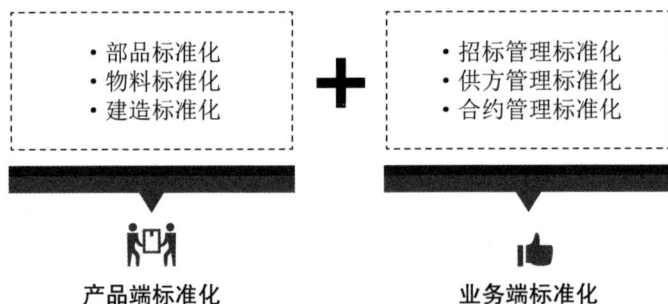

图 5-1　产品端标准化与业务端标准化

（1）产品端标准化实施策略。一般是部品标准化指引物料标准化与建造标准化的实施，物料标准化对部品标准化进行供应链赋能，建造标准化对部品标准化进行技术赋能。

①部品标准化：由设计牵头，成本、采购、工程部门协同，包括如下三种策略。

策略一：搭积木思想，结合业务成熟度实施各模块标准化。

策略二：颗粒度渐进，从局部大模块到局部小模块标准化。

策略三：自由组装化，成本限额之下，匹配定位自由组装。

②物料标准化：由采购牵头，设计与供应商协同，包括如下三个方面。

物料清单：物料分类分级、计量单位内外部统一。

物料规格：与部品对应，避免物料型号参差不齐。

物料编码：统一内部语言与供应商产品语言统一。

③建造标准化：由工程牵头，整合新技术新工艺，包括如下两个方面。

工期标准化：满足交付标准并符合政策法规的常规工期。

资源标准化：在常规工期下项目上投入的人员、材料、机器等资源量。

（2）业务端标准化实施策略。通过业务端的标准化，实现了业务的规范化管理。

①招采管理标准化

招采动作标准化：明确并梳理招标、投标、开标、评标及定标的管理规则。

招采工期标准化：工程与物资招标有合理工期。

②供方管理标准化

选：绘制供应商画像。

用：履约前交底、履约中跟踪、履约后评估。

育：提供多样化的培育手段及明确的晋级发展路径。

留：制定奖惩机制与淘汰机制。

③合约管理标准化

合同界面标准化：总分包的合同界面划分清晰。

合同版本标准化：根据业态与专业的类别分类。

4. 优化采购职能

未实施集中采购前，采购决策分散在各项目上，决策水平参差不齐，主要依托个体的专业能力进行决策判断，而且存在诸多重复作业，形成高昂的管理费用。

【案例】

Y 企业在珠三角拥有 20 多个项目，采购权力一直分散在各个项目上，采购组织架构与职能也较为混乱，有些项目采购部在项目上是独立的，有些隶属于工程部，有些隶属于成本部。这进而造成审批流程五花八门，作业文件及标准亦混乱无序。此外，各项目采购的影响力各异，致使采购决策难以尽如人意。

为了改变这种状况，该企业实施集中采购，并重构采购组织，重新划分采购的组织权责利，最后解决了上述问题。

5. 资金统一管理

钱要用在刀刃上，资金的高效利用是供应链管理的重要组成部分。实施集中采购，可以实时了解各项目月度资金的需求量、采购计划实施情况，有利于从集团层面统一筹划资金预算，确保项目的正常运转。

【案例】

X 企业在项目供应商的资金管理上处于失控状态，经常发生供应商还没提供服务就把钱给支付了的情形。另外，申请的付款原本是要支付给 B 供应商的，却支付给了 A 供应商，导致 B 供应商的款项被延迟支付，进而使得原本合作良好的供需关系变得紧张。这些超额支付与资金挪用，严重扰乱了企业的月度资金规划，导致现金流趋紧，进一步使得项目质量与进度面临诸多不确定因素，影响了企业各项事务的顺利推进。

要解决这些问题，必须从供应链管理的顶层设计着手，推动供应链管理的模式升级。最后，X 企业开始实施集中采购，资金收归集团统一的管理，根据实际交付进度支付款项。上述情形此后再也没有发生。

二、集中采购的三大模式

集中采购被视为供应链升级的关键路径，适用于各种规模的企业，均可加以采纳并实施。

集中采购可分为三种模式：第一种，企业成立集采部，自主集中采购；第二种，联合区域内企业，抱团联合采购；第三种，依托第三方平台企业，享受集中采购成果，如表 5-1 所示。相比原有的分散采购模式，无论企业采用哪一种集中采购模式，都更具竞争力。

表 5-1　集中采购的三种模式

模式分类	具体模式	成果
自主集中采购	• 业务组织：集采部统筹 • 企业类型：规模体量大、全国化企业 • 执行方式：自主按需求策划、执行、交付	• 完全匹配企业需求 • 供应商配合意愿度高
抱团联合采购	• 业务组织：企业间成立联合采购联盟 • 企业类型：区域性企业，规模体量小 • 执行方式：按品类划分牵头企业，其他企业配合协同	• 匹配企业需求 • 供应商根据不同企业服务会存在差异
第三方平台采购	• 业务组织：采购部 • 企业类型：项目少，零星项目 • 执行方式：通过第三方平台集中采购会员价在线采买	• 平台产品与自身需求匹配 • 依托平台保障供应商配合

1. 自主集中采购

该模式最早是万科开始采用的，随后中海、保利等企业也纷纷采用。2014 年之后，该模式已经在行业内实现普及。

77

2. 抱团联合采购

行业最早采取抱团联合采购的要数中城联盟，它是企业的总裁级人群所组成的一个俱乐部。该联盟的成立为行业开启了一个新的采购模式。

此后，行业第二梯队企业纷纷抱团，成立区域性的采购联盟。其中，由弘阳地产、大发地产、三巽地产、港龙地产、上坤置业、领地地产六家单位联合发起的新虹桥采购联盟于 2019 年 4 月成立，随后大华集团、康桥地产、奥山控股、江苏城投等陆续加入。在联盟成立仅仅 8 个月的时间内，该联盟便成功完成了涵盖 12 大类、总额近 40 亿元人民币的庞大采购量。2020 年 1 月 2 日，川企招采联盟在成都隆重举行成立揭牌仪式，其主要由领地集团、邦泰集团、恒邦双林集团、兴露合能集团，佳乐集团、朗基集团、蓝光集团、蓝润集团、圣桦集团、正黄集团等企业组成。

3. 第三方平台采购

2011 年成立的绿城电商是第一批打造建材供应链的采购平台，总部位于具有浓厚电子商务基因的杭州。中建集团于 2015 年成立了云筑网，帮助施工企业解决工程材料、MRO 等需求。

随后，各种采购平台层出不穷，如恒大集团的恒腾网络、万科集团旗下的采筑、中海集团旗下的领潮、陕建集团旗下的华山云商、华润置地旗下的润材、中国电建旗下的领筑，等等。

进入新发展阶段，企业有什么样的供应商，供应商结构如何，不仅仅关乎成本高低，还关乎企业的竞争力。众多平台由企业总裁级高管亲自挂帅，这一举动深刻揭示了行业正步入竞争激烈的关键阶段，而拥有优质供应链的企业无疑将在这场竞争中占据先机，赢得未来。

三、建立集采机制保障

企业实施集采模式，还需要有三个方面的机制保障，分别是风险防范机制、集采考核机制与权责划分体系。

1. 风险防范机制

基于实践，我们总结了集中采购三个层面的风险，即流程风险、供应商风险、决策风险。要做好风险防范，可以从这三个层面构建相应的保障机制。

（1）流程风险

流程合法合规至关重要，这也是审计时重点审查的地方。具体而言，集中采购的标准流程涵盖以下五个关键步骤：

第一步：需求产生

集采第一步就是先要梳理内部需求，做到端与端之间的目标同频。如果某品类集采到期，不做调研，照搬过去的做法，往往会使集采结果与需求不匹配。

需求是随公司经营情况及市场变化而变化的。比如，资金紧张状态下，财务反馈需要向上游供应商融资；营销反馈品牌力太弱了，需要升级一下品牌；工程部反馈原有产品选型带来施工不便，希望有些可替代的产品。总之，集采的首要任务是深入进行需求调研，并据此更新各部门的具体需求。

第二步：如何买

找谁买？没有十全十美的供应商，只有适合与不适合的供应商。结合需求调研反馈，勾画出潜在目标供应商画像。

在哪买？需要根据企业自身的品类、优劣势，针对性选择采购渠道和方式。

买哪种？每一类产品的 SKU（最小存货单位，全称为 Stock Keeping Unit）可能多达数种，因此，我们需要依据一线调研所得的实际需求来选择最适合的产品型号。

第三步：回头审视预算及需求

在完成需求调研及购买策略后，需要重新回头审视预算与需求。若是在需求尚未明确时就依据预算"锁定"价格，那么无形中会将众多潜在的优质供应商拒之门外，进而错失可行的产品替代方案。

第四步：决策

当预算与需求清晰且统一后，再做购买决策，邀请适配的供应商参与投标，采购的成功率将大幅提升，后续的项目落地性也更有保障。

第五步：购买

做好了前面四步，最终不管哪个供应商中标，我们都不用担心，只要基于这个结果去采购就好了。

（2）供应商风险

供应商端的风险主要有两个，一个是保供风险，一个是质量风险。

先说保供风险。根据采购金额、供应风险两个维度，我们可以将供应商分为四类，即一般型简化关系、杠杆型交易关系、瓶颈型依赖关系与战略型伙伴关系，如图 5-2 所示。

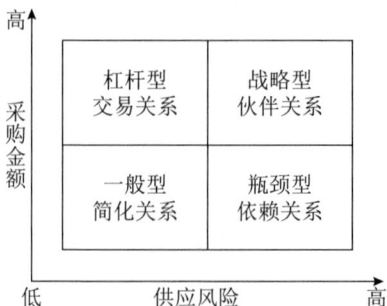

图 5-2　供应商的分类

第一类：一般型供应商，采购金额不大，且风险较低，因此适用于简化交易流程，以此降低采购成本。

第二类：杠杆型供应商，采购金额高，但供应风险小。一般这类供应商的产品属于行业标准化且竞争激烈的品类，适用于集中采购，在保质的情况下最大程度降低采购价格。

第三类：瓶颈型供应商。采购金额不高，但供应风险大。招采人员不仅要定向开发这类供应商，还需积极寻找更多备选供应商，以有效降低供应链风险。

第四类：战略型供应商。采购金额高，同时风险也大。这类供应商需要重点维护与扶持，在很多时候还要为其预留足够的利润，以建立起长期性的伙伴关系。

供应商的分类可以让我们能更宏观地审视供应链，采取有针对性的合作方式。显然，第三、四类供应商是重点，需要投入更多精力开拓与维护。

再说质量风险。目前，很多企业的供应商履约评价，定性维度居多，定量维度偏少。结果就是采购质量风险大大增加。因此，供应商的质量评价，要尽量减少定性评价，尽量采用有数据支撑的定量评价。基于实践经验，我们归纳出三个关键的定量指标，用以评估供应商产品的质量水平。

$$批退率 = 判退次数 \div 交货次数 \times 100\%。$$

$$平均合格率 = 各次合格率之和 \div 交货次数 \times 100\%$$

$$总合格率 = 总合格数 \div 总交货数 \times 100\%$$

其中，供应商批退率越高，意味着品质越差。而供应商的总合格率和平均合格率越高，通常意味着其提供的产品质量越好。

（3）决策风险

相较于单项目采购，集中采购的最大差异在于所有决策均集中于集团采购中心，这导致了决策风险的显著提升，一旦决策失误，后果将不堪设想。而集采专业水平高低决定了招标选型的质量高低。

集采一般采取多部门集体决策制，设计部门负责供应商产品选型；成本部门负责制定目标成本；采购部门主要负责供应商的引入；工程部门负责整体开发计划达成；营销部门负责最终产品价值兑现。

企业特点不一样，采购过程中的关注点及决策逻辑也大不相同。比如，民营企业更为灵活，追求成本最低化；国有企业对合规性要求高，追求安全可靠。

2. 集采业务指标设定

评价指标是衡量集采招标工作成绩的标尺，其设定应该基于企业战略与经营目标。具体来说，衡量集采工作的定量与定性指标分为财务、业务与团队三个维度。

（1）财务维度

此维度是从经营角度评价集采的成效，主要关注集采业务能否促进ROE（净资产收益率）的提升，旨在倒逼供应链为企业的增长赋能。例如，通过招标策划，集采可以影响ROE的多个关键因素，如销售利润率、总资产周转率和财务杠杆比例，从而实现财务指标的优化。财务指标的设定应重点围绕集采应用率、年度降本比例等关键数据。

（2）业务维度

此维度聚焦于集采业务能否达成预设的业务目标，涵盖了一线采购需求的满足及横向部门的协同需求。总结行业标杆企业的经验，有五个常用于衡量集采业务成效的具体指标，即价格指标、质量指标、适配指标、履约指标和融资指标。当然，企业往往会根据自身实际情况，有选择地使用这些指标。

（3）团队维度

此维度关注集采业务能否促进团队成长，以及是否通过对全业务过程的复盘，总结提炼方法论，并沉淀优秀经验，以推动组织的整体成长与进步。具体指标包括：供应商的引入、评标规则的创新、供应商合作分析、差异化入围评估体系、招标方式的创新、各部门间的研讨会和本部门的技术交流会，等等。

通过对以上三个维度的梳理和设定，企业可以得到清晰的业务目标，以终为始地推动集采业务落地。当然，企业可根据自身实际情况，灵活调整并优化评价指标，旨在促进集采业务的持续改进与提升。

))) 第二节 集采的核心价值：打造企业竞争优势

目前，许多企业对集中采购存在误解，认为只需"以量换价"即可。实则不然，企业要成功实施集中采购，需具备三大条件，即标准化、多项目开工建设与保障机制。

①标准化。企业需拥有相对完整的产品标准化体系，至少实现模块化部品的标准化，如此才能在同一标准下进行产品选型。

②多项目开工建设。企业须有多个项目同时开工建设，才能通过规模化采购实现"以量换价"。

③保障机制。保障机制涵盖制度保障与组织保障两大方面：制度保障要求制定全面的集采制度，以引领整个集采流程；组织保障则由公司领导层领衔成立集采领导小组，联合各职能中心及区域公司组成集采工作小组，携手推进集采工作。

结合多家标杆企业的成功经验，我们将集中采购划分为十个关键节点，并将之归纳为"721集采业务流"，即集中采购的成败70%取决于前期策划阶段，20% 取决于执行阶段，10% 取决于评估阶段，如图 5-3 所示。

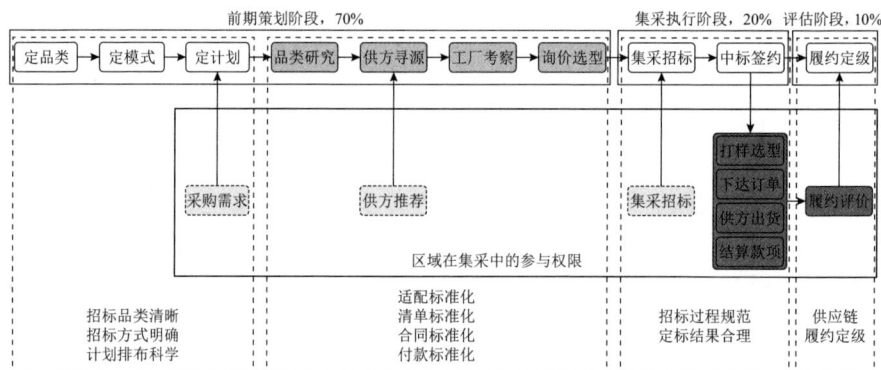

图 5-3　集采的十个关键节点

虽然集中采购的权限归集团统一管理，但区域集团或二级单位仍有参与权限，比如在定计划、供方寻源、集采招标等关键环节还需要它们参与。

每个集采节点都应有明确的成果输出。前期策划阶段包含确定品类、模式、计划，确保集采方向清晰、计划科学；执行落地阶段包含品类研究、供方寻源、工厂考察、调价选型，确保集采过程规范、资源适配；评估优化阶段包括集采招标、中标签约、供应商履约定级，确保集采效果评估与持续优化。接下来将依次拆解这十个节点。

一、前期策划阶段

节点一：定品类

在咨询过程中，有不少企业反馈，不知道如何筛选集采的品类。我们结合多家企业的经验，总结了以下三条原则。

一是优先做集采期内使用量大、总额高的品类，因为它们对项目品质、成本影响最大。

二是优先做需要迫切使用的品类。需要注意的是，如果招标周期比较短，不建议将其作为集采品类，因为集采影响的范围较广，一旦出现问题，后果很严重。

三是优先选择材料设备类，再选择施工类。因为材料设备类受地域影响小，且标准比较明确，而施工类受地域影响极大且缺乏标准，判断难度极大。

以管材集采为例，在工程项目中，强电、弱电、给水、污水、雨水、燃气、电力等施工场景中均会应用到管材。通过对各项目采购需求的仔细梳理，将同类项合并后，即可得出各具体细项品类的采购金额及所需项目，进而筛选出集采的品类范围，如表 5-2 所示。

表 5-2　梳理集采品类需求的表格模板

品类	材质	单位	预估金额	所属项目
强电				
弱电				
给水				
污水				
雨水				
燃气				
电力				

节点二：定模式

明确了品类之后，接下来要确认通过什么方式供应。是"甲指甲供"还是"甲指乙供"，又或者是"甲限乙供"方式？鉴于每家企业的实际情况和供应链管理能力的差异，所采取的模式自然各不相同，因此不可盲目照搬。这里我们分析总结了不同模式的优劣势，如表 5-3 所示。

表 5-3　不同模式之间的优劣势对比

集采类别	定义	优点	缺点
甲指甲供	直接向中标的材料生产企业采购，并与之结算。这种模式一般称之为"甲供材"。材料企业将材料直接运送到指定工地，到达工地后，承建方和业主方代表共同取样检验，合格后用于工程。	• 品牌、质量有保障； • 利于成本控制； • 材料选型更趋合理； • 对材料商付款有保障； • 供应链风险相对较小。	• 资金压力大； • 承建方可能存在浪费行为； • 出现工程质量问题容易扯皮。
甲指乙供	一般确定两家以上中标单位。承建方按照业主方指定的中标单位作为材料供应方候选人，择其一或数家采购材料。由承建方和材料生产企业直接签订协议，并与之结算。	• 资金压力较小； • 采购工作量较小，人力成本少； • 承建方双包承接，规避部分可能出现的扯皮。	• 以次充好质量存在风险； • 承建方取费加价，业主方需要多付出成本； • 承建方付款进度较慢，材料款逾期后牵扯业主方精力协调付款。
甲限乙供	包工包料，承建方责任到底； EPC 交钥匙工程	• 管理简单省事； • 资金压力小； • 乙方配合性高且负责	• 以次充好； • 质量堪忧； • 成本高

【案例】

C 企业根据价格、品质、技术等因素决定合作的模式。C 企业采购的具体合作模式如下。

①甲供的方式：适用于价值额度大且价格波动大或价格波动频繁的材料，如电线、电缆等；

②甲指乙供的方式：适用于功能性材料、观感性材料，以及技术差异比较大的材料，如水泵、水表、衬塑管材、装饰性材料等；

③甲限乙供的方式：适用于区域性、价格透明、技术含量不高或技术上差异不大的资源性材料，如水泥、砂、石、烟风道等。

注：一线公司可根据实际情况调整，但须上报集团审批。

节点三：定计划

计划管理是供应链管理中的难点。根据标杆企业的经验，一般以项目整体计划为主线梳理并制订计划，具体流程如下：

集团层面首先制定合约规划模板，各项目组则依据此模板细化形成各自的项目整体采购计划，并上报集团，由集团统一汇总多个项目的采购计划，最终形成集团层面的年度采购规划。随后，集团会从供应链管理的角度出发，对整体项目采购计划进行审视与调整，待审核通过后，这些计划将被细化并落实为部门级的单项目采购执行计划，具体如图 5-4 所示。

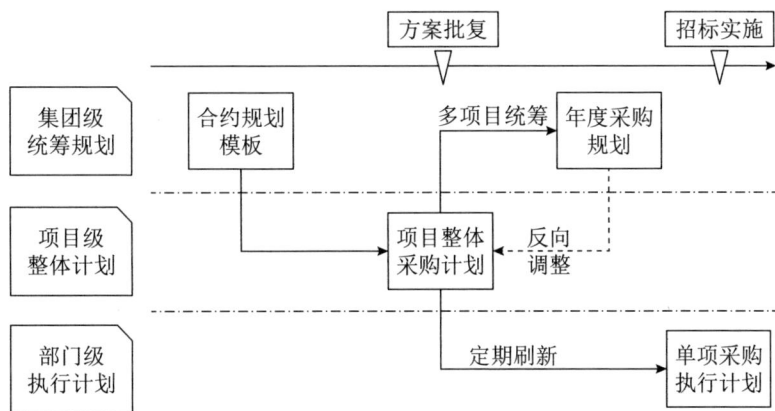

图 5-4　制订采购计划

为什么要进行合约规划？要防止采购漏项、错项，划分清楚工作界面。有了合约规划，便能指导采购落地、保障权责落地、成本控制前置以及指导资金计划。

接下来，我们通过《采购执行计划落地的权责表》模板讲解如何制定合约规划，以做好计划管理，如图 5-5 所示。

专业分类	采购计划名称	类别	采购权责		采购方式	是否集中采购	成本控制目标	招标时间				设计责任人
			部门	人员				进场时间	完成时间	开始时间	出图时间	

A事项　　　B权责　　　C方式　D成本　　　E时间（进度）

图 5-5　采购执行计划落地的权责表

A事项，关键要素是科目分类、采购事项与工作范围，要达到的管理结果是让项目全生命周期的工作界面清晰，避免错项与漏项，这代表着采购计划要做什么。

B权责，关键要素是采购级别、主要部门与人员，要达到的管理结果是让采购责任清晰、匹配公司权责，这代表着谁来做。

C方式，关键要素是招标方式、供货方式、是否集中采购，达到的管理结果是关键分判合理，这代表着要怎么做。

D成本，关键要素是目标成本，达到的管理结果是达到预设的成本限制，这代表着预算多少。

E进度，关键要素是进场时间、招标时间、出图时间，达到的管理结果是配合进度节点，预留合理采购时间，锁定设计出图节点，这代表着时间节点。

二、执行落地阶段

节点一：品类研究

品类研究可以帮助我们提前规避潜在的风险，从而确保项目能够一次性顺利完成。

品类研究的核心环节在于制订详尽且可行的品类采购策划。一份标准的品类招标采购策划包含六个部分，分别是市场及资源分布情况、产品初步认识、历史使用情况、具体实施方式、工作计划与参考来源，如图 5-6 所示。

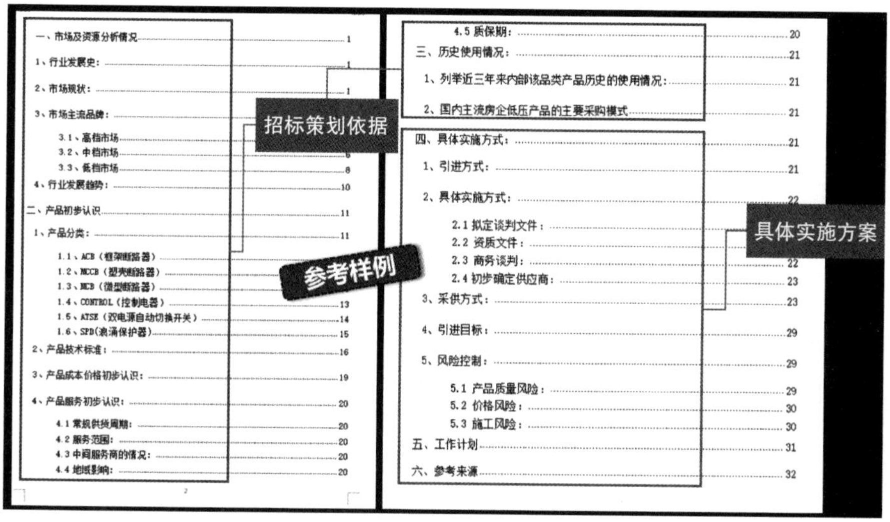

图 5-6　品类策划模板

【案例】

W 企业在品类策划上分为三个层面，分别是市场调研、技术标准、应用情况。其中，市场调研包含行业层面、企业层面、同行层面（组织同行交流会或调研），具体如表 5-4 所示。

表 5-4　W 企业品类策划维度

项目		具体内容
市场调研	行业层面	行业规模、增长率、企业数量、产值分布、资本情况、环保要求
	企业层面	头部企业集中度、竞争格局、品牌档次、产品情况
	同行层面	头部供方合作情况、标杆项目应用情况、供方资源对比分析
技术标准		美标、欧标、国标、行标、企标、核心性能指标
应用情况		历史情况分析（问题、原因、工艺、原理）

完成上述三项信息与数据的系统梳理后，须组织汇报会，并对供应商的品牌档次进行科学分级分类，以此作为后续评标工作的重要依据。

节点二：供方寻源

有一种观点认为"找谁合作都是合作"，这是一种敷衍和偷懒的思维。一个真正优秀的供应商能为企业节省诸多的时间与成本。总结多年的实践，我们归纳了供方寻源的"三部曲"：定画像、盘缺口、拓资源。

（1）定画像：明确需要什么样的合作伙伴

市场中供应商资源很多，如何避免大海捞针，精准高效地开拓适配的供应商呢？关键点在于清晰地描述供应商的画像，即明确说明企业需要什么样的合作伙伴。具体来说，找到适配的供应商有以下三个步骤，如图5-7所示。

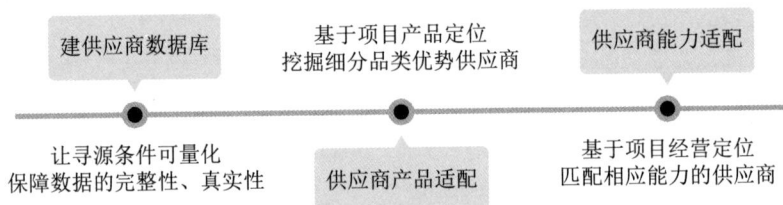

图 5-7　供应商适配

首先，建立供应商信息数据库。结合业务采购需求，设置可量化的寻源条件，有针对性地开拓满足条件的供应商资源，并形成数据库。

为确保供应商信息的完整性、真实性和可量化性，开拓的供应商资源必须提交包括工商信息、法人信息、服务资质、业绩数据、合作案例、工厂分布、产能信息、商誉信息等在内的详尽资料，以满足企业进行供应商评估时所依据的关键标准。

其次，基于项目的产品定位，明确产品的品牌档次、功能需求、应用场景，确定应该具体开拓哪些供应商资源。

采购人员需细致划分每个品类的特性，以便更精确地识别并选择在该类产品领域具有专长的供应商。这些供应商的产品，不仅成本最低，质量服务也更有保障。

最后，我们基于项目经营定位来筛选能力适配的供应商。企业投资拿地之初，即对项目实施标签化定位，不同定位的项目对供应商的能力要求各异。采购决策通常会从五个维度进行选型判断，分别是价格、质量、进度（交付）、服务、资金。比如，利润型项目侧重于供应商的质量稳定性、服务水平等，而现金流型的项目更关注于价格、进度、资金（供应商的垫资能力）。

（2）盘缺口：盘点供应商的资源

企业需要定期盘点供应商资源库，梳理资源结构情况，及时动态寻源，避免延误招标计划的达成。供应商资源盘点涵盖两个关键维度：数量上需满足招标计划，质量上则需能在不确定性因素冲击下保障供应链稳定。

基于上述两个维度，就可以围绕项目业态、品牌档次、区域分布、供方质量等四个因素去结构性储备供应商资源了，如图5-8所示。

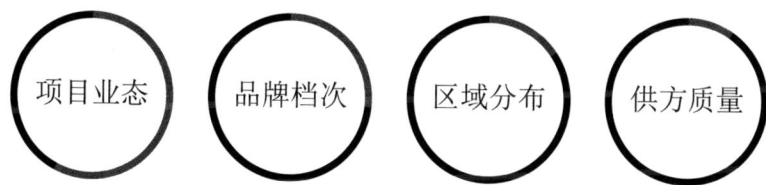

图 5-8　供应商资源补充的 4 大因素

例如，住宅开发领域的供应商数量充足，但酒店、购物中心等业态的供应商则明显匮乏，因此需针对这些领域储备相应的供应商资源。

（3）拓资源：资源拓展渠道

供应商拓展渠道主要有三种，如图5-9所示。

先说内部推荐。不少企业建立了内部推荐机制以及回避机制，以此扩大供应商资源的来源。但为了防止作弊及确保审计风险，需采用如下几条合规性做法。

图 5-9　供应商资源拓展渠道

①明确潜在合格供方推荐登记制度；

②登记潜在合格供方与推荐人之间的关联关系；

③推荐人必须回避潜在供方的合格考察、评价，以及后面可能参与的投标、履约等全部工作；

④推荐人宜对被推荐供方可能发生的恶意欺诈、舞弊、作假风险负连带责任和推荐权信用自动失效。反之，被推荐的供方通过实践证明后确实优秀，对推荐人可以给予适当的物质奖励和精神嘉许。

再说同行对标。通过同行交流、项目考察学习，寻求对标的供应商。另外，一些标杆房企会发布优秀供应商名单是一个很好的潜在的供应商资源池。

最后是平台寻源。通过第三方平台，在线发布供应商招募信息，扩大供应商资源的广度。

需要注意的是，作为供应链管理者，在寻源时需要对这些潜在的供应商进行风险排查。一般而言，需要搜集这些潜在供应商的工商信息、资质信息、财务数据、业务信息、合作案例、履约信息、工厂分布、产能信息、风险诉讼等。上述信息可以通过国家市场监督管理总局、国家企业信用信息公示系统、中国裁判文书网、企查查等平台查询核实，还可以通过同行打听、线下摸底考察等方式进行核实。

节点三：工厂考察

通过实地考察，我们可以直观地掌握供方的生产能力、研发实力及仓储物流等基础信息，进而确认这些潜在供应商能否满足项目开发所需产品的具体要求。

对于新供方，实地考察主要是评估其实力与合作意愿。比如，有些供应商对考察的准备工作明显不足，在一定程度上是表明其合作意愿不高。实地考察中发现的问题，是决定是否将供应商纳入潜在合作对象资源库的重要依据。

对于老供方，实地考察主要是重新评定其合作匹配度。所谓老供方，是指那些已在资源库内，但两年内都未合作的供方。未合作可能有多方面的原因，比如当初招标时，该企业在某些方面不匹配。但供需双方可能都发生了新的变化，可以通过重复考察，重新评估双方的合作匹配度。

一般来说，在实地考察之前，企业会给供应商单位发放《供应商考察通知函》，说明此次考察目的、时间行程、人员规模等，便于供应商企业提前准备，如图 5-10 所示。

供应商考察通知函

XX股份有限公司：

为了进一步加强对于贵司的了解，我司将于近期前往贵司考察交流，就合作方面的事项进行深入沟通洽谈，请提前做好相应考察资质资料、合作案例、人员接待等准备工作。

XXX有限公司
20XX年X月X日

考察企业	我方对接人		联系方式
考察时间	随行人员		
行程安排			
考察范围			
供应商企业确认签字			

备注：请于20XX年X月X日前确认，并传真/扫描回传

图 5-10　供应商考察通知函模板

那么，供应商的实地考察具体该怎么做呢？有三个关键词：一看、二问、三讲，如图 5-11 所示。

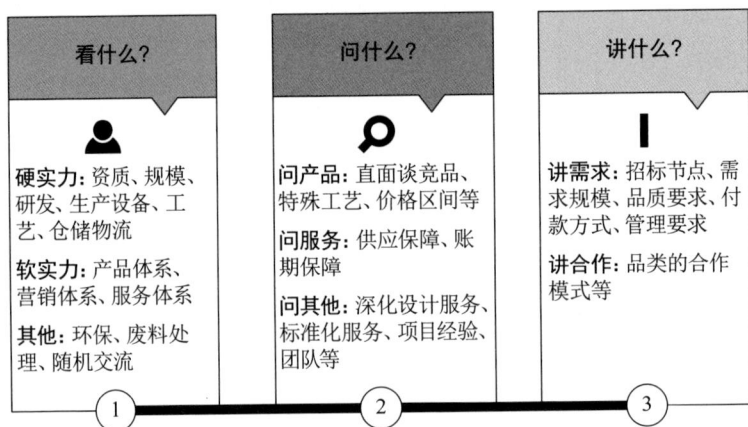

看什么？	问什么？	讲什么？
硬实力：资质、规模、研发、生产设备、工艺、仓储物流 **软实力**：产品体系、营销体系、服务体系 **其他**：环保、废料处理、随机交流	**问产品**：直面谈竞品、特殊工艺、价格区间等 **问服务**：供应保障、账期保障 **问其他**：深化设计服务、标准化服务、项目经验、团队等	**讲需求**：招标节点、需求规模、品质要求、付款方式、管理要求 **讲合作**：品类的合作模式等
①	②	③

图 5-11　供应商考察要点

（1）一看

前往供应商企业考察，要考察哪些方面呢？实地考察绝不能走马观花，而是要针对性地了解供应商的硬实力与软实力。

首先，硬实力考察的重点包括供应商企业的资质、规模、研发能力、生产设备先进性、生产工艺成熟度以及仓储物流效率等方面。

①企业资质：让供应商提前准备好相关资质的原件及盖章的复印件等资料。

②研发能力：参观其实验室及实验设备等。另外，还可以看实验的样本及上面的数量，观察企业是不是真的在做研发。

③生产设备：通过生产设备的自动化水平，判断其产能以及工艺水平。

④生产工艺：了解其生产的全过程，关注每个环节的工艺保障水平。

⑤仓储物流：通过查看仓储情况，可以一定程度上反映企业的业务量。仓储繁忙，往往意味着其业务订单量较多。

通过对以上各方面的参观与核验，便能对供应商的内部管理及生产管理做出初步评定。

其次，软实力方面包括产品体系、营销体系、服务方式等。

①厘清供应商的产品体系。在考察现场，重点沟通与项目需求相匹配的产品系列，了解其质量、优劣势等。

②了解供应商营销模式。企业的营销模式包括战略合作、经销代理合作等，模式不同，落地服务的方式也不同。了解供应商的营销模式，有助于后续的合作谈判。

③关注供应商交付方式。供应商企业的交付方式会因客户级别不同而有所不同，有的是总部直接派服务团队，有的是区域派服务团队，还有的是派第三方服务团队。若企业有位于偏远地区的项目，则需特别关注服务交付的可行性。

除了看供应商的软硬实力，考察人员还要有一双能够把控细节的"火眼金睛"，因为大部分的供应商在应对考察时，都会进行充分准备，甚至"美化"。可以通过以下几种方式，从侧面了解供应商更多的实力信息。

①看环保：环保治理水平在很大程度上反映了工厂的生产管理水平，这体现在企业管理层和员工的环保意识、完善的环保管理制度、对环保设施和技术的投入以及严格的环保监管。如果企业连国家规定的环保都做不好，那么其生产出来的产品客户也不敢用。

②废料处理：工厂一般会有很多的生产废料，观察这些废料是如何处理的，流通到哪了，妥当与否。

③员工随机交流：在车间或者办公区，随机地找一些员工交流，了解公司的经营情况。

（2）二问

在考察中需要主动获取哪些关键信息？考察供应商的过程中，会帮助企业的考察人员逐步构建起对行业的基础认知，比如什么产品好、什么工艺好、行业发展趋势，乃至行业里的各种八卦。这些知识将助力企业在后续的合作谈判中更加明智，不被误导。为此，考察人员需具备一定的学习能力和提问技巧，以确保合作过程顺畅，避免落入陷阱。

任何一家供应商企业都有其主打的产品与独有的服务能力。

要获取供应商产品维度的差异化信息，有以下几点建议。

①让供应商直面竞品。这样做有助于企业找出对标品牌的产品。

②了解产品的质量工艺，比如是否有特殊的工艺；了解产品具体应用场景等。

③了解其价格区间。产品的具体价格较为敏感，供应商可能会避而不谈，但可以提供价格区间。

要获取项目交付维度的差异化信息，可以具体关注以下几个方面。

①供应保障：供应商与上游企业合作情况、是否有多条生产线、自动化生产及多个生产基地等。

②账期保障：供应商的现金流是否充裕，能否接受3～6个月的账期等。

③其他方面：是否可以提供设计深化服务、产品标准化服务、团队具有同类项目的经验、申请了国家专利等。

（3）三讲

主动陈述我方需求，判断供应商的合作意愿有多大？为了顺利达成合作，双方需充分了解对方情况。企业应主动向供应商介绍品类的招标时间、需求规模、品质标准、付款方式及管理要求等信息，以便供应商能够做出初步评估。而且，依托多年的经验，供应商还可能给出创新的解决方案，更好地满足项目需求。

同时，考察人员还需要说明该品类的合作模式，如采取甲供、甲指乙供、乙供等，并制定出合作项目的初步需求计划，以便供应商后续能够顺利配合工作落地。

实地考察结束后，还需要做好以下两项工作。

一是形成考察报告。根据所考察厂家的基本情况、企业资质、年产量／订单量、企业规模、研发打样、设备（生产、检测）、流水工业化、仓储物流等方面信息，对其进行综合评定。

二是建立供方能力档案。按照品类划分，以企业名、产品系列、价格、联系人、地址、核心优势、备注等为关键字段，形成一份供方能力检索表，便于后续快速查询，有针对性地邀约合适的供应商参与投标。

节点四：询价选型

经过深入的品类研究和供应商考察，企业对产品品类有了深刻的理解。基于此，通过询价选型，企业不仅能够显著提升集采的适配率，还能有效降低采购成本，实现投入产出比的最优化。具体到产品询价选型时，需要充分应用好产品的全生命周期理论。

如图 5-12 所示，任何产品都会经历培育期、成长期、成熟期、衰退期等四个阶段。在市场培育期和快速成长期，由于竞争对手稀缺，产品价格自然高企，从而为企业创造了丰厚的毛利空间，那些率先进入市场的企业更是能够借此机会攫取超额利润。等到产品进入成熟期，大量的竞争对手涌入市场，竞争日趋激烈，厂家被迫不停降价，直到无利可图，走入衰退期。因此，产品在生命周期的不同阶段，其价格存在巨大差异。越是市场成熟的产品，其价格越是稳定合理。

因此，掌握了产品全生命周期原理，不仅提升采购人员的价格谈判能力，还能够帮助供应链管理者结合企业目标成本、项目定位，找到与项目适配的质优价廉的产品。

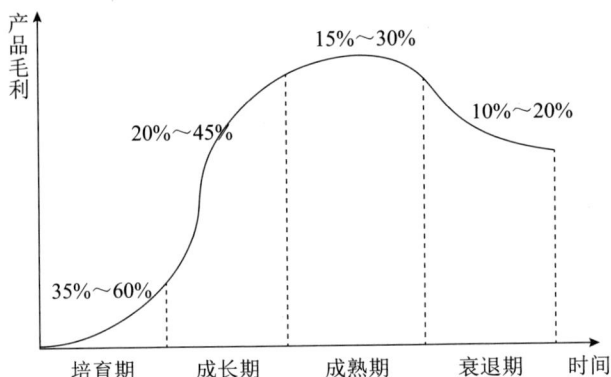

图 5-12　产品全生命周期

在实际工作中，面对琳琅满目的产品，供应链管理者在产品选型上往往举棋不定，难以抉择，不知该如何将公司项目与处于不同生命周期阶段的产品进行精准匹配。另外，在为企业提供咨询服务过程中，我们经常会被问到一个问题，即各个部门无法就产品选型形成统一意见时，该如何协调？

其实，这两个问题殊途同归，都是围绕着一个核心议题——如何为项目精准匹配产品而展开的。因此，当我们已经对产品品类有了较深的认知后，再对项目进行具体分析，问题也就迎刃而解了。

根据品质和价格两个维度，我们可以把项目大致分为四种类型，即创新导向型、品质导向型、价格导向型、均衡导向型，如图 5-13 所示。

企业的产品选型需要设计部、营销部、采购部、成本部、工程部等共同参与，他们从各自的视角出发，共同推动产品选型工作的开展。

①设计部门：基于效果视角，确定产品的标准、功能与效果；

②营销部门：基于客户视角，提供客户需求与市场竞品信息，定产品档次；

③成本部门：基于成本视角，测算产品的成本；

1.创新导向型
希望增加项目卖点或产品力升级，
推荐初始期的新品。

2.品质导向型
客户走品质高端路线，推
荐成长期的产品，产品质
量可靠、竞争对手少。

4.均衡导向型
推荐成熟期的产品，市场竞争焦
灼，通过精细化运营赢得客户。

3.价格导向型
推荐衰退期的产品，市场已经处
于红海的常规类产品。

图 5-13　项目的四个类别

④采购部门：基于成本、保供、进度等多重视角，整合供应商资源，组织招投标与提供样品；

⑤工程部门：基于工程视角，提供施工进度计划，确定产品的交期。

当前，产品的迭代周期越来越短，供应链管理人员必须有敏锐的洞察力，随时引入新的产品类型，以提升产品竞争力。比如，在新冠疫情期间，随着公众对家庭清洁和消毒意识的提高，引入了人脸识别系统、自动测温机器人、除菌消毒的鞋柜、智能安防系统等产品，这些创新科技不仅满足了消费者对健康安全的需求，也提升了项目的品质感。

在咨询服务时，我们发现有些企业的项目一线最终选用的产品并不是其集采的产品型号。如果项目一线频繁更换产品，根源在于产品选型失败，缺乏市场竞争力。对此，供应链管理人员不仅要关注产品全生命周期的变化，也要时刻关注市场中出现的新产品。

三、评估优化阶段

节点一：集采招标

各行业的招标流程基本一样，就不再赘述。这里我们重点阐述的是招标规则的制定，以及如何谈价。

招标规则是企业的控标能力的体现，决定了招标的合规性、公平公正性；而最终的谈价，决定了企业的采购成本，能否实现降本的效果。

如表 5-5 所示，一张集采招标的《评标规则策划表》中，包括评标细则、集采模式、技术标与商务标的评分占比，评标规则、评标人构成、评标人选择规则与开标规则等内容。这些内容的设置及其权重分配，直接反映了企业的招标导向，并会对招标的最终成果产生深远影响。

表 5-5　评标规则策划表

评标细则	集采模式	评分占比	评标规则	评标人构成	评标人选择规则	开标规则
技术标	甲指甲供 甲指乙供 综合模式	X%	排名/案例/资质/专利/样板等	总部/区域/项目	指定/随机	—
商务标		Y%	最低价/合理低价	—	—	综合评定中标价计算规则 一轮报价/二轮谈价/多轮

接下来，我们将分别解读各项的含义。

①技术标与商务标及评分占比：这项内容代表着企业是更看重价格，还是更看重质量。根据不同品类的需要，企业灵活调配其评分占比，以期获得想要的招标结果。

②集采模式：采取甲指甲供，代表着企业注重质量；甲指乙供，代表着需要乙方垫资采购；综合模式，代表着企业内部对项目进行了分级，利润型项目要实施甲指甲供，而现金流型项目采取甲指乙供。

③评标规则：技术标规则包括排名（品牌排名、测评排名）、案例（与标杆企业合作案例或与本企业合作案例等）、资质、专利、样板等，各项规则的权重可调配性很大；商务标规则主要是报价，一般采用最低价或合理低价。

④评标人构成：评标人参与技术标打分，人员来自总部、区域或项目，但各单位的占比多少，根据实际需要调配。评标专家如何产生，是抽签、邀请还是指定，有相应的细则规定。

⑤开标规则：此项主要是针对商务标。品类不同，开标规则也有所差异。有的企业采取综合评定中标价的计算规则，有的会有一轮报价、二轮谈价甚至多轮，这主要根据企业的业务水平来进行设定。

上述《评标规则策划表》详细列出了最低价评标法与合理低价评标法，它们主要适用于材料设备类的招标活动。而在工程招标领域，则更常采用综合评标法以及两标段评标法。这四种评标法的优劣势对比，如表 5-6 所示。

表 5-6　四种评标法的对比分析

评标办法	最低价评标法	合理低价评标法	综合评标法	两阶段招标评标法
优势	能够有效实现降本目标	1. 基于项目风险管控，保障履约及品质考量 2. 可以增强供应商合作信心 3. 谨防恶性竞争	1. 控标性强 2. 相对能选择到适配的供方	有效规避自身专业度不够的问题以及淘汰不达标浑水摸鱼的供应商
劣势	1. 最终沦为价格竞争，品质难以有保障 2. 会将一部分优质供应商挡在合作门外	容易被供应商钻空子，采取不平衡报价	1. 效率相对较低 2. 评标弹性尺度较大	需要多征集一些单位参与，并且前期可能会有投入，效率相对较低
适用场景/条件	1. 适用于市场广泛流通、标准化、成熟产品 2. 按照参与投标单位及品牌档次做好分类管理 3. 前期准备工作中，对标价格要掌握得比较清晰	1. 主要应用于施工单位的招标 2. 目标成本编制水平高 3. 评标细则尤其关键	基于品质、价格、服务、供应商管理等综合考量而设定的评标方案	适用于特殊项目、特种设备、技术难度较高的工艺标准

续表

评标办法	最低价评标法	合理低价评标法	综合评标法	两阶段招标评标法
常用招标手段	一轮报价定标（有些民营房企会给予次低价供应商/优秀供方谈价机会1次）	一轮报价定标（有些民营房企会给予价格排名靠前的供应商/优秀供方谈价机会1次）	定性评分（评议法）定量评分（打分法）	先技术标（合格入围）再商务标
常见问题点	1. 参评供应商品牌档次、产品质量参差不齐，并非公平竞争 2. 容易串标、围标	1. 参评供应商品牌档次、产品质量参差不齐，并非公平竞争 2. 容易串标、围标	1. 人为操控的空间较大 2. 评标细则未能实现管理诉求	1. 评判标准不统一 2. 人为感知因素较大

在招标流程的推进中，企业往往会遇到一个关键问题：是应当选择供应商的一次性报价，还是进行多轮的谈价博弈？为了解答这一问题，我们调研了不同规模、不同类型企业的资深人士，他们的观点非常值得参考。

①一轮报价：这种方式要求得标前沟通彻底，标底准确，且公司需具备完善的历史价格数据。否则，可能导致成本控制不力或供应商选择不当。一位受访者强调，一轮报价虽然简洁明了，但若前提条件未能充分满足，可能会给企业带来潜在的风险与挑战。

②多轮谈价：多轮报价通常能带来更好的降价效果，并在清标过程中发现报价失误和不平衡等问题。然而，它也可能导致价格恶性竞争，降低供应商参与意愿。多位受访者提到，实施多轮报价需要制定精细的招标规则，并辅以高水平的企业管理支持。

无论采取一轮报价还是多轮谈价，招标谈价的核心在于事前策划和专业知识的运用。企业需要综合考虑招标规则、管理水平、成本控制和供应商把控力等多重因素。

基于我们的实践总结，无论是采用一轮报价还是多轮谈价，均可通过以下六大维度向供应商传递信号，从而促使其提供合理价格，具体如图 5-14 所示。

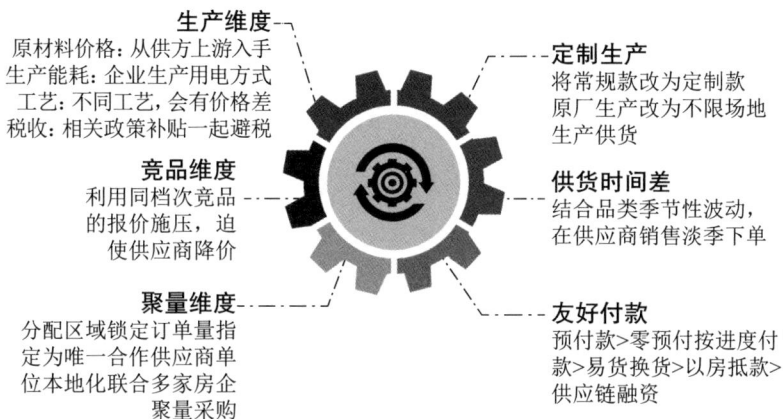

生产维度
原材料价格：从供方上游入手
生产能耗：企业生产用电方式
工艺：不同工艺，会有价格差
税收：相关政策补贴一起避税

定制生产
将常规款改为定制款
原厂生产改为不限场地
生产供货

竞品维度
利用同档次竞品
的报价施压，迫
使供应商降价

供货时间差
结合品类季节性波动，
在供应商销售淡季下单

聚量维度
分配区域锁定订单量指
定为唯一合作供应商单
位本地化联合多家房企
聚量采购

友好付款
预付款>零预付按进度付
款>易货换货>以房抵款>
供应链融资

图 5-14　招标谈价的六种方式

①供应商生产维度：了解供应商的生产成本，包括原材料、能耗、工艺和税收等方面，从而找到降价空间。

②竞品维度：利用同档次竞品的报价作为参考，向供应商施加压力，迫使其降价。

③聚量维度：通过承诺分配订单量、指定唯一供方或组织联合采购等方式，增加采购量，从而获得价格优惠。

④设计优化维度：与供应商合作，通过设计优化降低成本，同时提升产品竞争力。

⑤周期性时间差维度：利用市场季节性波动，在供应商销售淡季下单，以获取更低价格。

⑥付款方式维度：提供更有利的付款方式，如预付款或按进度付款，以换取供应商的价格优惠。

综上所述，企业在选择一轮报价或多轮谈价时，应综合考虑自身条件和市场环境。同时，通过运用专业知识和多维度谈价策略，企业可以在招标过程中获得更合理的价格，提升供应链的整体效益。

节点二：中标签约

很多企业在集采执行时，认为敲定中标单位就完事了，但从供应链的视角来看，这仅仅是锁定了未来履约交付的合作方而已。

在咨询过程中，我们发现企业在中标签约过程中普遍存在三个方面的问题：一是供应商定独家还是多家合作；二是到底该强管控还是弱管控，这涉及集采价格执行与蛋糕分配问题；三是总部集采部与一线之间未做有效衔接，导致集采成果执行不力。

（1）定独家供应商还是定多家供应商合作

选择独家供应商的主要优势在于，管理简便且能确保获取其提供的最优惠价格、优质资源及高效服务。确定多家供应商，易引发管理混乱，且各供方产品技术方案差异显著，如电梯、防水等品类，可能导致实施困难。

签订多家供应商的理由有：一是建立竞争机制，筛选优秀供方；二是降低供应链风险，避免重新招标；三是占用供应商资金，获取更多融资；四是满足区域灵活性需求；五是促进项目二次竞争，争取更低采购价格。

这两种不同的观点，都自有其道理。具体采取哪种模式，还是要基于企业的经营状态。

供应链为企业赋能有三个维度：增长赋能（利润）、提升效率、控制风险。据此，我们总结了一个适配的最优解公式：利润 × 效率 × 风险 ≥ 1，则为适配。

利润取值范围，指的是行业平均利润的倍数。行业里普遍的利润率是10%，行业优秀企业的利润是平均值利润的 2 ～ 3 倍，那么利润取值范围为 1 ～ 3。

效率取值范围，效率指的是周转率。行业高速发展阶段的周转率为 5 倍，那么效率取值范围为 1 ～ 5。

风险取值范围，指的是抗风险的数量。风险众多，黑天鹅与灰犀牛并存。我们列举存在的风险分为四个层面，包括政策灰犀牛、外部动荡因素、天灾黑天鹅、人祸风险（创始人去世、决策错误、管理团队出走等），风险值的取值范围设定为 1 ～ 4。

基于以上三个维度，可以把企业经营划分为九种模式，根据其"利润 × 效率 × 风险"的评分，就可以确定其供应链的策略优先级，如表 5-7 所示。

表 5-7　企业经营特征评分表

模式	利润	效率	风险	评分	采购策略优先级
模式 A	利润≤0	效率 >0	风险 >0	小于 0 企业面临倒闭	企业经营风险大
	利润 >0	效率≤0	风险 >0		
	利润 >0	效率 >0	风险≤0		
模式 B	0< 利润 <1	0< 效率 <1	0< 风险 <1	0< 评分 <1 竞争力偏弱	履约风险管控
模式 C	0< 利润 <1	0< 效率 <1	1< 风险 <4	0< 评分 <4 利润少、增长乏力	优化采购效率
模式 D	0< 利润 <1	1< 效率 <5	0< 风险 <1	0< 评分 <5 规模大，产品力弱	夯实产品品质
模式 E	0< 利润 <1	1< 效率 <5	1< 风险 <4	0< 评分 <20 规模大，成本力弱	降低采购成本
模式 F	1< 利润 <3	0< 效率 <1	0< 风险 <1	0< 评分 <3 利润多，发展缓慢	重构供应链体系
模式 G	1< 利润 <3	0< 效率 <1	1< 风险 <4	0< 评分 <12 利润多，协同乏力	权责流程优化
模式 H	1< 利润 <3	1< 效率 <5	0< 风险 <1	0< 评分 <15 利润多，管理偏弱	培育战略供方
模式 I	1< 利润 <3	1< 效率 <5	1< 风险 <4	评分 >60 适配强，竞争力强	反向赋能供应链

综上所述，在选择供应链模式时，关键在于该模式能否帮助企业弥补短板，提升竞争力。无论是选择独家供应商还是多家供应商，这并非核心

问题，重要的是供应链能够为企业带来赋能效果。

（2）集团该强管控还是该弱管控

常见的管控模式有两大类型，如图 5-15 所示。

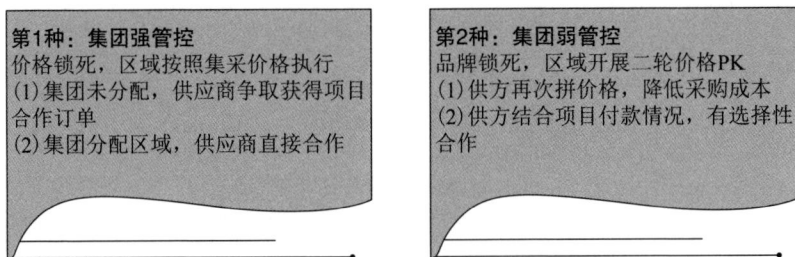

第1种：集团强管控
价格锁死，区域按照集采价格执行
(1)集团未分配，供应商争取获得项目合作订单
(2)集团分配区域，供应商直接合作

第2种：集团弱管控
品牌锁死，区域开展二轮价格PK
(1)供方再次拼价格，降低采购成本
(2)供方结合项目付款情况，有选择性合作

图 5-15　两种集采管控模式

①第一种：集团强管控。价格锁死，一线按照集采价格执行。在交付落地时，有些企业会直接给供应商分配地盘，而有些企业并未分配，由一线自主选择。若未分配地盘，本意是赋予一线自主选择权，但这种做法往往引发供应商在落地交付时的二次竞争或公关活动，从而在供应商之间以及供应商与一线之间产生诸多新的问题与矛盾。

②第二种：集团弱管控。集采工作仅锁定品牌及价格上限，由区域开展二轮价格谈判。因此，供应商会再次陷入价格战，虽然这样做可能使项目降低采购成本，但实际上却会导致供应商为了争夺订单而牺牲供应品质。此外，由于市场全面开放，供应商通过自主竞争获取订单，这导致部分供应商在交付履约时选择性接单，使得那些付款条件稍差的项目难以获得稳定的供应链保障。

（3）如何防止集采中心与一线脱节的问题

集采中心完成集采定标仅仅是阶段性工作的收尾，但这并不意味着工作的结束。实际上，与一线部门开展交底工作才是重中之重，因为只有将集采成果切实落地应用，集采的价值才能得以真正体现。

在集采定标完成后，集采中心应立即面向一线展开交底工作，为一线落地实施提供详尽的操作指引。具体内容包括：下发集采品类价格清单（清单中需包含调价机制），同时明确技术标准、产品系列、工作界面、供货周期、运费、保修期、付款方式以及计价方式等关键信息。这些信息的全面传达，有助于一线人员准确理解集采成果，从而更高效地开展后续工作，有效避免集采中心与一线脱节的情况发生。

节点三：履约定级

根据我们的调研与走访，结合行业惯例，大型企业通常会每年对供应商进行履约评估，并根据评估结果进行定级。按照供应商全过程管理，分别对入库、招投标、合作、年终总评四个阶段进行评价，每一个阶段的评审内容不一样。每个阶段都会给供应商打上相应的身份证标签，如图 5-16 所示。

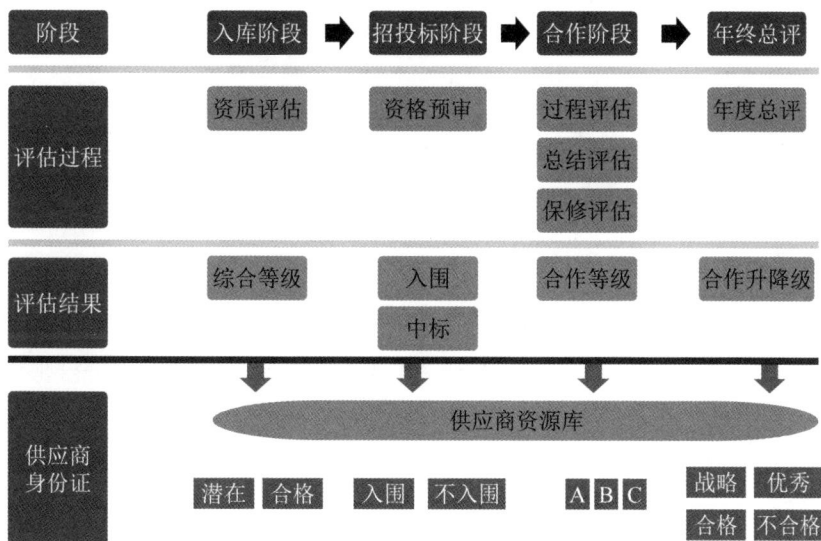

图 5-16　供应商全过程管理评估机制

通常情况下，供应商评估可划分为两种主要模式：一是集中评估模式，涵盖半年度及年度评估；二是分阶段评估模式，部分企业采用项目阶段评估，而另一部分企业则结合履约过程与付款节点进行综合性绑定评估。不管哪种评估方式，都旨在牵引供应商落实好履约保供与交付质量。

多数企业的履约定级由采购、成本、工程等多个部门共同参与评分，而各部门在评分中的权重分配则因企业而异。部分管理尤为精细的企业，还会进一步细化品类评分项，并灵活调整其权重占比，具体如图 5-17 所示。

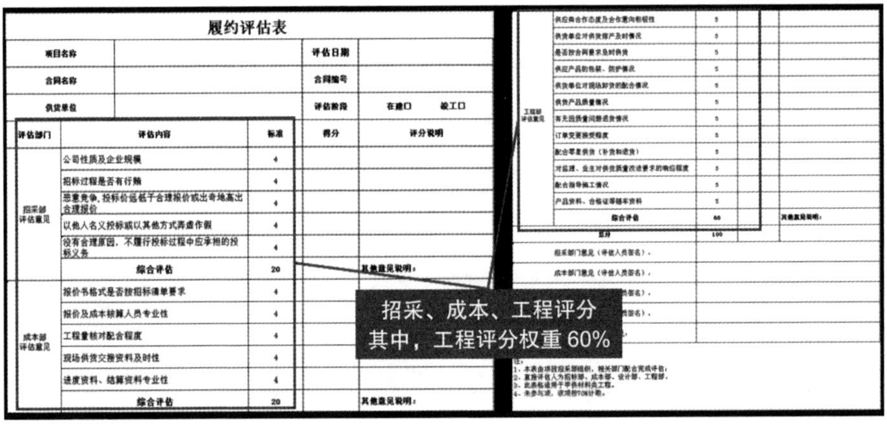

图 5-17　供应商履约评估表

供应商履约定级的目的是发现并激励优秀供应商，与其建立更深度的合作关系。很多大型企业会定期召开供应商大会，公示合格与优秀供应商名单。对于优秀供应商，企业会给予免交投标保证金、履约保证金保函替代、优先续标权、评标加分权、高管互访机会等激励措施。

【案例】

某标杆企业 W 从 2013 年开始，连续 8 年发布合格供应商名录。2016 年，其重新梳理了供应商分类，将原来的 7 大分类（总包、监理、装修总包、门窗、景观，基础工程、材料设备）改为 5 大分类（总包、装修总包、景观绿化、门窗幕墙、材料设备），去掉了监理，将基础工程合并至总包之中，如表 5-8 所示。

表 5-8 历年合作供应商数量统计

分类	2013 年	2014 年	2015 年	2016 年	2017 年	2018 年	2019 年	2020 年
合格供方	846	1522	1422	965	1250	1078	1563	1496
A 级供方	35	319	299	117	159	184	250	295

注：2016 年发布过 C 级供应商，从 2017 年至今，均是发布 A 级、B 级、合格供应商。

通过对历年合格供应商数据的深入分析，该企业观察到，自 2016 年以来，A 级供应商的数量持续稳步增长，相比之下，合格供应商的数量则呈现出较大的波动性。鉴于上述情况，该企业精心制定了以下供应商管理策略：

①宽进严出。供应商只要符合企业资质要求，进来合作容易，但要成为 A 级供应商，得经受更高的考验。

②加大对 A 级供应商培养力度的同时，不断纳新吐故，优化供应商资源结构。

》》》第三节 四大关键会议保障集采成功

集采工作涉及多部门协同合作，会议作为重要的部门沟通方式，在集采流程中发挥着关键作用。通过对多家标杆企业的研究，我们总结出保障集采成功落地的四大关键会议方法。

一、集采启动会

当启动某个品类的招标工作时，由该品类专项负责人担任集采工作经办人，负责发起并组织集采启动会。在首次集采启动会上，成立招标工作小组与招标领导小组。

（1）招标工作小组

负责集采招标全过程的具体实施工作。小组成员包括该品类集采经办人、产品技术对接人、成本人员、设计人员以及从一线抽调的对接人等。

（2）招标领导小组

对招标过程中的采购方案、评定标原则、定标等关键环节进行评审并作出集体决策。小组成员有总经理、成本线负责人、采购线负责人以及招标工作小组成员等。

启动会的主要内容为明确具体工作计划和人员职责划分。招标工作小组成员需承担供方考察、采购需求搜集、技术标准制定、方案策划、文件编制、评定标及定标等集采流程相关工作。

二、方案汇报会

集采经办人依据前期计划节点安排，组织召开集采方案汇报会。会前，集采经办人须完成以下工作。

（1）文件与资料准备

编制招标文件，内容应涵盖招标文件、标准协议文本、报价清单、最低价承诺书、技术标准、供应链融资承诺函、材料质量共管协议等，并详细明确招标内容、范围、工期或供货期要求、售后服务标准，以及答疑时间、投标截止、开标日期、评标准则、废标界定、偏离度分析表及投标文件构成等关键要素。

（2）资源与调研工作

做好供应商资源储备，开展投标单位产品质量抽检，完成需求量及付款方式调研，整理历史合作单位和金额，梳理采购技术标准与评定原则。同时，基于前期品类研究成果确定产品选型，并编制选型报告及清单。

方案汇报会的主要内容如下。

①拟选投标单位情况介绍：基于品类研究内容，提取关键要点进行简要介绍，内容包括招标产品的行业排名、品牌档次、单位实力、集采经验、考察情况等。

②分判计划安排：详细介绍集采招标的发标、议标、定标等各项工作计划。

③招标文件介绍：阐述招标思路、技术要求、报价清单、模拟清单编制原则及工程量、标准化情况（如有）及招标创新点（如有）。

④设计定板定样：明确投标单位需提供的样板。

会议期间，各参与方就投标单位及招标文件充分发表意见，达成统一意见后形成集采方案。该方案需在标前会上汇报并作出决议。经办人根据标前会决议，发起投标单位审批流程，并附上标前会会议纪要、标前会PPT及招标文件。

方案汇报完成后，集采经办人在平台上发标，招标时间不得低于三个工作日。对于复杂项目，原则上需设置答疑环节。投标供应商应在招标文件规定的日期前回标，未按时回标视为放弃投标。若投标人的投标文件存在歧义，导致采购方产生多种解读，采购方可要求投标供应商以书面形式进行澄清和修正，并将修正内容提交给招标工作小组，作为投标文件的补充。

投标报价澄清应遵循以下原则。

①工程量清单计价方式：采用工程量清单计价方式时，对投标报价的澄清仅限于数据累加有误、小数点有误，在此基础上的澄清结果才允许调整投标总价，按澄清后的结果最低价中标。其他澄清均不得改变投标价格。

②禁止实质性修改：除上述情况外，不得因任何其他原因对投标文件进行实质性修改，特别禁止借助澄清对投标文件做出实质性修改。

三、集采定标会

回标、开标、清标后，经办人进行评标分析，完成后编制定标报告，并准备评标会汇报资料。

定标报告包含招标情况简介、合同模式概述、投标情况综述、各次投标情况详细分析以及定标建议等五个核心部分。其中，招标情况简介应包含各次回标模拟清单总价、单价对比分析、品类总价情况分析、与往期集采及其他开发商价格对标分析、技术参数对比情况等。

在评标会上，经办人简要汇报定标报告的核心内容，包括投标单位的选择情况、招标的关键要点、招标过程的概述以及定标建议，同时详细汇报招标情况的最新进展。会后，根据评标会意见形成初步定标建议。

待定标报告及汇报资料调整完善至满足定标会要求后，组织集中采购评标委员会召开定标会议，以会议形式完成定标。招标具体经办人做好招标工作小组内评标分工，相互复核、确认，保证评标过程及结果的客观、公正、准确，当场签署《定标会议评审表》。

对于技术要求高或对配合、维修服务有特别要求的招标项目，建议采用两阶段评标法：先评审技术标，待技术标评审结果确定后，再进行经济标的评审。若技术标评定不合格，则直接取消经济标评审资格。

在经济标评审中，应充分运用招标参考价进行分析、比较，并通过定标前澄清或定标后约谈方式消除投标供应商的不平衡报价（如不合理低价或不合理高价）；中标价不得高于参考价，所有投标单位价格如高于参考价，则废标。

确立招标参考价有两种方法：第一种是通过详细调研方式，适用于跟原材料关联较大的品类；第二种是结合历史采购价格、同行对标的方式，适用于成本构成较为复杂的品类。

开标后，如果所有投标价格均高于参考价，原则上视为废标，应重新组织招标。如投标报价清单出现不完整，有报价缺漏项，则对缺漏项套用其他投标单位的最高价作为惩处措施计入总价。最终，确定初步拟定的定标入围单位。

招标工作小组对评标结果进行内部沟通并达成一致后，组织召开定标决策会并向招标领导小组汇报。会后，将定标结果在企业内部进行邮件公示。

评定标原则：通常在截标之后至开标之前，招标工作小组共同对本次招标的拟中标单位数量、评标方法、优先谈判事项及投标单位的优惠措施进行整理、评估，并安排召开评定标会议，参会人员包括招标工作小组及招标领导小组的成员。汇报后开标，开标后严格按照评定标原则进行评标；原则上不允许突破评定标原则的规定范围，否则需要向审计报备。

四、成果宣贯会

定标后，相关人员对最终价格进行确认，并在30天内通知中标单位签署集采协议。

集采产品负责人编写交底文件，完成关于采购的亮点、集采成果、中标单位基本信息、历史价格对比、与同行采购价格对比、产品说明、付款条件、供货周期等内容的交底与培训。

特别说明，当旧物料还在合作期内时，仍保存在供应链平台系统的数据库中，供各项目采购选用。尤其对于项目跨度时间长，样板间采用了旧物料，而项目批量采购时旧物料已不在集采范围的情况，样板间需要单独核价结算。

第六章 金融赋能：供应链金融的崛起与应用

供应链金融被誉为供应链的"血液"，对供应链的稳定运行至关重要。它通过提供资金支持、优化资金流动、降低运营成本，显著增强了供应链整体的抗风险能力。在日益复杂的商业环境中，供应链金融能够促进各参与方协同发展，推动供应链更加稳健高效地运行。

))) 第一节　拥抱供应链金融是企业的必然选择

在供应链体系中，大企业通常占据主导地位，而中小企业则处于相对弱势地位，成为制约供应链整体效能提升的瓶颈。由于中小企业资产规模较小、经营风险较高，传统金融机构往往不愿为其提供金融服务。在此背景下，供应链金融应运而生，旨在为中小企业提供更加灵活、便捷的融资方式，缓解其资金压力，从而提升供应链的整体效率。

一、认识供应链金融

近年来，我国供应链金融行业规模持续增长。根据艾瑞咨询发布的报告显示，2022 年我国供应链金融行业规模达到 36.9 万亿元，预计到 2027年将超过 60 万亿元。我国高度重视供应链金融的发展，各部门多次发文提及并推动其规范化发展。

1. 供应链金融的定义

国际贸易领域的权威机构《国际商会》对供应链金融进行了定义，供应链金融是通过管理和调节涉及供应链中商业活动的相关资金和信息流，来加速现有的商业过程，并在这个过程中提高效率和减少风险，同时确保贸易最终完成。

我国对于供应链金融的定义，在 2020 年 9 月 18 日八部委发布的《关于规范发展供应链金融支持供应链产业链稳定循环和优化升级的意见》中有明确的界定。《意见》指出，供应链金融是指从供应链产业链整体出发，运用金融科技手段，整合物流、资金流、信息流等信息，在真实交易背景下，构建供应链中占主导地位的核心企业与上下游企业一体化的金融供给体系和风险评估体系，提供系统性的金融解决方案，以快速响应产业链上企业的结算、融资、财务管理等综合需求，降低企业成本，提升产业链各方价值。

简而言之，供应链金融是一种结合金融服务与供应链管理的商业模式，旨在通过资金、信息和风险共享等方式优化供应链运作效率，降低企业经营成本，提高融资效率和风险管控能力。其主要通过优化信用背书、订单融资、应收账款融资、库存融资等方式，帮助供应链上的企业更好地获取资金，提高资金利用效率和流动性。

2. 供应链金融发展阶段

我国供应链金融的发展演变大体可以分为以下三个阶段。

（1）传统金融机构主导的 1.0 阶段

在 1.0 阶段，供应链金融模式以传统金融机构（如商业银行）为主导，服务缺乏标准化和自动化，主要依赖核心企业的信用为上下游企业提供金融服务。主要的金融工具包括保理、仓单质押融资等。

（2）产业链核心企业主导的 2.0 阶段

随着政府出台政策鼓励金融机构与产业链焦点企业合作，供应链金融进入 2.0 阶段。焦点企业不再局限于核心企业，还包括生产制造商、物流商、分销商等具有竞争力的企业。它们利用 IT 互联网技术，将业务在线化，实现四流合一，向自己的供应商或客户提供综合性的金融服务。

（3）专业平台企业主导的 3.0 阶段

随着大数据、云计算、区块链等新技术应用于供应链金融，平台化的供应链金融服务开始涌现，供应链金融进入 3.0 阶段。金融科技公司蓬勃发展，构建了完整的供应链金融生态系统，提供全方位服务，实现了互联网、产业链与金融的深度融合。这个阶段的供应链金融服务由相对独立的第三方运营，信用不再集中于单一企业，而是依托于整个生态网络的信用。

需要注意的是，供应链金融不同阶段的发展模式并非取代关系，而是基于各自优势共同为企业提供供应链金融服务。企业在开展供应链金融业务时，应根据自身情况选择适合的模式。

二、供应链金融的优势

1. 供应链金融与传统金融相比的优势

传统金融的业务和服务模式主要由银行、证券公司、保险公司等提供。其中，银行是最主要的金融机构之一，主要提供储蓄、贷款、支付结算等金融服务。由于传统金融机构的风险评估相对保守，其业务更倾向于服务大企业，难以惠及广大中小企业。

相比之下，供应链金融是一种高效服务于中小企业的新型融资模式。它将资金流有效整合到供应链管理过程中，既为供应链各环节的企业提供贸易资金服务，又为供应链中的弱势企业提供新型贷款融资服务。这些服务以核心企业为依托，以真实贸易背景为前提，采用自偿性贸易融资方式。

与传统金融相比，供应链金融在资金效率、风险管理、定制化服务、信息透明度、成本费用和智能化应用等六个方面具有显著优势，如表6-1所示。

表6-1　供应链金融与传统金融的对比

对比维度	传统金融	供应链金融
资金效率	资金流程烦琐，服务效率低	优化资金流动，提高资金利用率和周转速度
风险管理	相对保守，风险评估单一	侧重供应链环节风险管理，降低信用风险和逾期风险
定制化服务	资金产品和服务相对单一	提供个性化融资方案，满足企业独特需求
信息透明度	信息传递相对封闭，透明度较低	数据共享和信息透明化，提高协同效率和贸易可视化
成本费用	存在额外中间费用，增加企业负担	优化流程，减少中间环节，降低融资和运营成本
智能化应用	业务流程相对传统，缺乏智能化创新	利用金融科技，实现数字化，智能化服务模式

通过以上对比可以看出，供应链金融的优势使其成为许多企业，特别是中小企业融资的重要选择，并推动了企业间合作关系的健康可持续发展。

2. 供应链金融体系的角色及其利益

在供应链金融业务体系中，各参与方扮演着不同的角色，共同构建了一个协作互动的生态系统。以下是各参与方的角色与作用。

（1）核心企业

核心企业是供应链的主导者和发起者，具有较强的规模和资源优势。作为最终受益者，核心企业通过与金融机构、供应商、经销商等各方紧密合作，优化资金流动，降低融资成本，提升供应链的整体效率和稳定性，推动整个供应链金融生态系统的协同发展。

（2）供应商

供应商是供应链中的重要组成部分，负责提供产品或服务，并在供应链金融系统中承担货物和信息的交付责任。通过参与供应链金融，供应商能够获得资金支持，解决资金周转难题，降低融资成本，同时增强与核心企业的合作信任与默契。

（3）经销商 / 分销商

经销商 / 分销商负责产品的销售和分销，是连接核心企业与终端市场的桥梁。在供应链金融系统中，他们发挥着促销、市场营销和销售服务的作用。通过参与供应链金融，经销商 / 分销商能够获得资金支持，扩大销售渠道和市场份额，提升销售业绩，并推动供应链协同发展。

（4）物流企业

物流企业负责货物的运输、仓储和配送，是供应链金融中物流环节的重要执行者。借助供应链金融，物流企业能够获得资金支持，提升服务质量和运营效率，深化协同合作，推动物流业务的发展，并优化整体供应链的效能。

（5）金融机构

金融机构是供应链金融生态系统的关键角色，提供资金融通、风险管理和金融服务支持。通过为核心企业、供应商、经销商等各参与方提供多样化的金融产品和服务，金融机构促进资金流动，降低融资风险，推动供应链金融的发展。

（6）科技公司

科技公司为供应链金融提供数字化与智能化的技术支持，构建坚实的技术基础和先进的数字化平台，助力各参与方实现信息共享与业务协同。

通过数据分析、区块链等前沿技术，科技公司为供应链金融生态系统提供创新性解决方案，加速供应链的数字化转型，推动其向智能化阶段迈进。

（7）政府部门

政府部门通过制定针对性、操作性和灵活性强的供应链金融政策，监管市场环境，支持金融机构和企业开展供应链金融业务，旨在优化供应链金融生态，降低企业融资成本，支持实体经济发展。通过政策引导和支持，政府推动产业链的转型升级，促进经济增长和社会发展。

各参与方之间相互协作，共同助力供应链金融生态系统的稳定和发展。同时，供应链金融也为各参与方带来了诸多好处和机遇。

（1）对核心企业的好处

降低采购成本，稳定供应链，推动供应链管理升级，增强市场竞争力；优化财务报表，通过表外融资不增加负债率，提高资金利用效率及金融业务收入；通过打通上下游企业的商流、物流、信息流、资金流，带动供应链的数字化升级，促进产业智能化发展。

（2）对中小企业的好处

有效解决融资难题，提供持续发展动力，助力业务扩张和竞争力提升。

（3）对物流企业的好处

促进物流业务增长，助力优秀物流企业依托自身优势，开拓更广阔的发展空间。

（4）对金融机构的好处

提升银行风控能力，通过与供应链金融企业合作，获得大量稳定的优质客户，延伸业务范围，提高盈利水平。

（5）对电商平台的好处

通过供应链金融的应用和拓展，提升电商平台的价值，加强与商家之间的合作关系。

（6）对科技公司的好处

通过数字化服务，为各参与方提供供应链金融的赋能服务，促进金融科技发展，提高行业解决方案的创新性与效率性。

（7）对地方政府的好处

促进地区产业链的转型升级，增加地方经济效益，提升人民生活质量和经济发展水平。

总体而言，供应链金融的发展不仅在于金融服务本身，更重要的是为各参与方提供了更多的发展机遇和合作空间，推动整个产业链的可持续发展。

))) 第二节 供应链金融的应用场景与产品

一、供应链金融应用场景

供应链金融的本质是利用供应链上企业之间的债权、物权进行融资。根据融资需求方在供应链上下游所处的位置及其在产业链中的相对地位优势，供应链金融的应用场景可分为以下三类。

1. 场景一：融资需求方为供应商，核心企业为采购商

该场景下的交易关系如图 6-1 所示。适用于该场景的供应链金融模式包括应付账款融资模式与对上游供应商的订单融资模式。

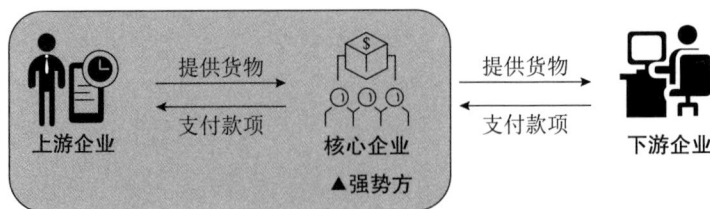

图 6-1 中小企业为供方，核心企业为买方的场景

赊销成为主要交易方式后，供应链上游企业普遍面临现金流紧张的问题，尤其是中小企业作为供货方时，这一问题更为突出。在此场景下，上游供应商会基于应收账款申请融资。供应商为采购原材料或组织生产，基于采购商向其下达的订单 / 合同 / 协议向金融机构申请融资。订单属于未来的应收账款，因此订单融资本质上是一种依托于供应链的信用融资。

2. 场景二：核心企业为供应商，中小企业为采购商

该场景下的交易关系如图 6-2 所示，主要适用的供应链金融模式是预付款融资模式。

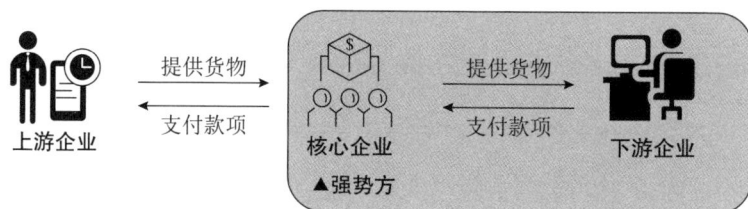

图 6-2　核心企业为供方，中小企业为买方的场景

采购商向供应商下订单但现有资金不足以支付全款，通过让渡部分提货权向金融机构申请融资。金融机构为采购商代付预付款，供应商实现资金的快速回流。

3. 场景三：卖方与买方体量地位相当

该场景下的交易关系，如图 6-3 所示。

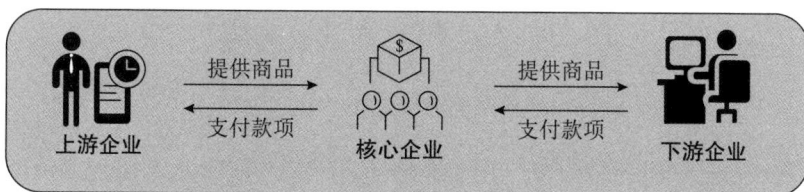

图 6-3　卖方与买方体量地位相当的场景

在此场景下，由于供应链双方实力相当，无显著强势方，买卖双方可根据实际情形商定支付条款，并选择融资手段。既可选择应收账款融资、订单融资、预付款融资等传统方式，也可采用 B2B 平台交易促成的提前回款融资等创新模式。

二、供应链金融的三种基本融资模式

1. 应收账款融资

应收账款融资模式主要指上游企业为获取资金，以其与下游企业签订的真实合同产生的应收账款为基础，向金融机构申请以应收账款为还款来源的融资，如图 6-4 所示。

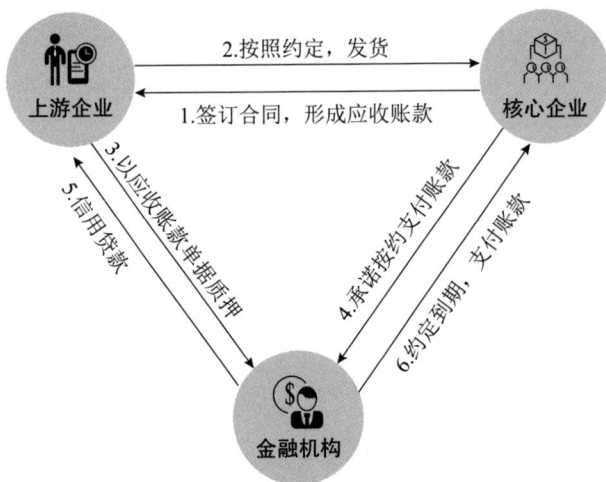

图 6-4　应收账款融资示意图

应收账款融资模式是金融机构与企业之间合作最多的融资模式，其主要目的是解决供应链上游中小企业的资金周转难题。应收账款融资模式主要包括以下几种表现形式。

（1）保理

保理业务即企业将应收账款转让给保理公司或金融机构，获取即时的现金流动或融资援助。保理公司通常提供对应收账款的融资、催收、信贷风险承担等服务。保理业务适用于经营稳定、信用良好的企业，尤其是对于需求资金周转快、贸易往来频繁的企业。此外，与保理公司合作可以提升企业的信誉度，表明企业有合作伙伴支持，有利于建立业务信任度。保理业务流程如图6-5所示。

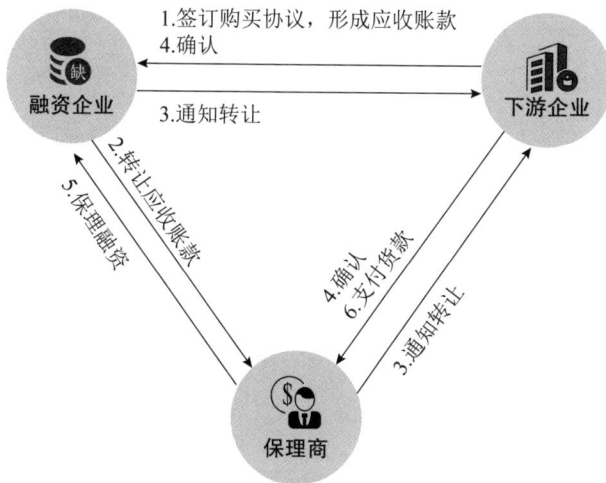

图 6-5　保理融资示意图

保理业务分为两类：有追索权保理（也称有资源保理）和无追索权保理（也称无资源保理）。有追索权保理是指，当应收账款发生违约时，保理公司可以要求核心企业对其进行回购；无追索权保理则是由保理公司承担应收账款的风险。

保理业务具有以下特点和优势：

一是提供即时的资金支持，帮助企业解决短期资金紧张问题，加快业务发展；

123

二是降低企业的信用风险，保理公司通过法律途径追回欠款，减轻企业对逾期账款的管理压力；

三是具有较高的灵活度，企业可根据经营需求调整融资额度和期限。

【案例】

H企业是一家大型企业，也是供应链中的核心企业，在业界处于主导地位，拥有巨大的影响力。H企业利用自身实力和资源成立了一家保理公司，旨在为自身主营业务中的供应链提供融资服务。这一举措为企业自身及供应链带来了诸多好处。

首先，H企通过与保理机构合作，利用其融资结算服务，不仅显著增强了企业整体资金管理的灵活性，还有效提升了公司的整体盈利能力和财务稳健性。例如，湖北宏泰保理公司通过保理业务实现了利润总额同比增长249%，这表明保理业务在提升企业财务表现方面具有显著效果。

其次，H企为上游供应商提供了便捷的应收账款融资渠道，有效缓解了上游供应商的资金压力，提高了供应商的生产和供货能力，进而提升整体供应链的稳定性和效率。

最后，供应链融资服务还进一步强化了H企在行业中的核心地位和竞争优势。

简言之，作为核心企业，H企通过成立保理公司并提供供应链融资服务，不仅有效帮助上游供应商解决了资金问题，促进供应链的优化和协调，还进一步增强了自身的市场竞争力和盈利能力。

（2）保理池

保理池业务即核心企业整合多笔应收账款形成资金池，由保理公司统一融资，为核心企业提供资金援助。与传统的单笔应收账款融资不同，保理池业务更加灵活和高效，适用于需要大额融资、多方参与的场景。保理池业务流程如图6-6所示。

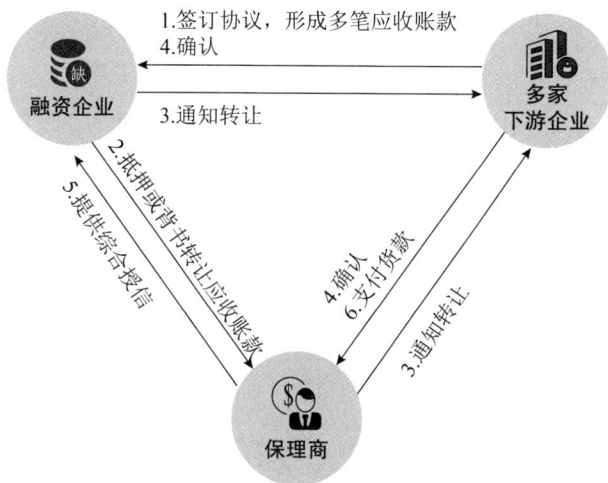

图6-6 保理池融资示意图

保理池业务是应收账款融资中的一种创新形式，具有如下特点与优势。

①资金池包括多个不同供应商的应收账款，灵活多样，覆盖范围广泛。

②保理池业务允许核心企业重复使用资金池融资，提升资金周转效率，确保资金持续流动，并可根据需求调整应收账款组合，灵活满足各类资金及融资需求。

③通过多笔应收账款的组合，保理池业务能将风险分散，降低了单一账款违约带来的风险影响。

（3）反向保理（逆保理）

反向保理业务是指核心企业向其供应商推荐保理公司，供应商向保理公司转让应收账款，以获得融资支持。反向保理业务中的融资对象不是核心企业，而是核心企业的供应商，其业务流程如图6-7所示。

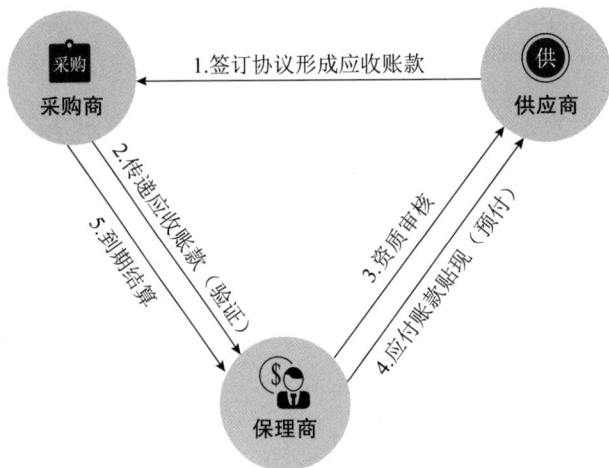

图 6-7   反向保理融资示意图

反向保理业务具有以下特点和优势。

①核心企业通常会筛选具有优质应收账款的供应商与保理公司合作，确保供应商能够顺利获得融资支持。这种安排不仅帮助供应商提前收回资金，缓解资金周转压力，还能提升其生产和供货能力，从而增强供应链的稳定性。

②保理公司在提供融资前会对供应商的应收账款进行严格的审查和评估，确保其真实性和可转让性，以有效控制风险。尽管核心企业不直接参与融资，但它需要对保理公司和供应商的合作进行监督和管理，确保合作关系的稳定性和顺利推进。

③反向保理业务有助于构建健康的供应链金融生态，增强供应链各参与方之间的信任与合作，推动整个供应链的协同发展，实现互利共赢。通过这种模式，供应链的各个环节都能受益，形成良性循环。

2. 存货融资

存货融资模式是指融资企业以贸易过程中的货物为质押，向金融机构申请贷款，同时将货物存放在具有合法保管存货资格的第三方仓库监管。存货融资模式的本质是动产质押，一般发生在大宗商品贸易中，由于现货库存占用了大量流动资金，企业需借此方式回笼资金。其业务流程如图 6-8 所示。

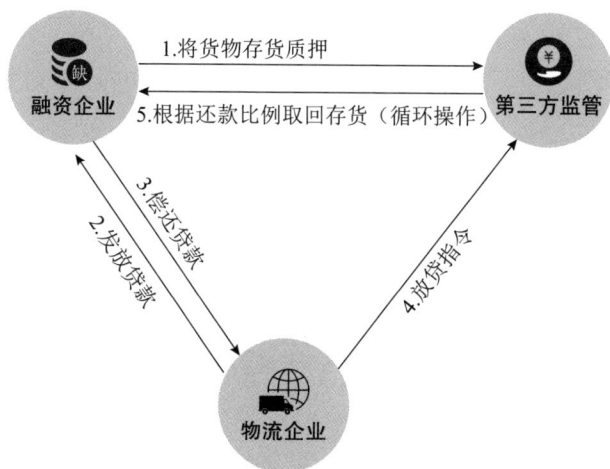

图 6-8　存货融资示意图

具体来说，存货融资模式有以下几种表现形式。

（1）静态抵质押

静态抵质押是指借款人以价值固定且不会发生变动的资产作为抵押，向贷款机构融资的方式。它常用于担保贷款或债务，以保障贷款机构在借款人无法偿债时能够获取抵押资产的价值。其具体业务流程如图 6-9 所示。

静态抵质押具有以下特点和优势。

①静态抵质押的资产价值是相对固定的，如房地产、设备、存款或有价证券等，这提高了借款机构对借款人的信贷信任度，简化了贷款审批的风险评估。

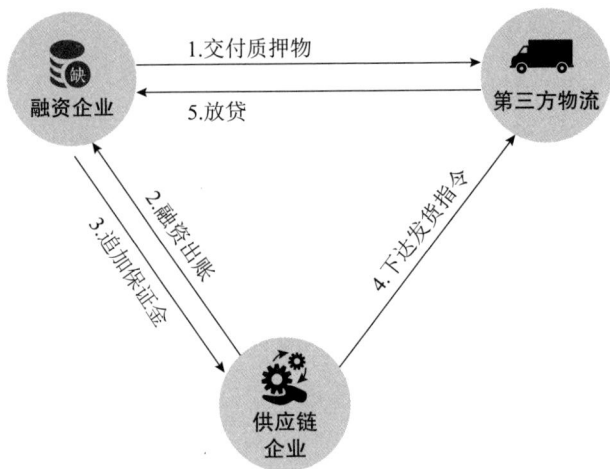

图 6-9　静态抵质押示意图

②借款人将静态资产用作抵押，确保贷款机构在借款人无法履行债务时能够以抵押资产获取价值，有助于保障借款机构的权益。

③借款人提供静态抵质押，能够降低贷款机构的信用风险，不仅更容易获得融资，还可以获得较低利率的贷款。

【案例】

C 企业是一家供应链企业，因有大量积压的存货，使得资金周转紧张。其决定借助静态货物抵质押融资来解决资金紧张的问题。具体的操作流程如下：

①C 企业选择自有或第三方合法拥有的存货作为抵质押资产，包括各类商品、原材料等。

②C 企业委托专业的第三方物流公司对存货实施严格监管，确保存货数量准确、质量可靠，同时避免存货损失及滞销风险。

③C 企业向银行或金融机构申请静态货物抵质押融资，提交抵押资产清单和相关申请材料，等审批通过后获得贷款。

④贷款机构审批通过，将贷款额度划入 C 企业的账户。

⑤C 企业通过汇款方式赎回存货抵押物，继续销售存货并获取收入。

⑥C 企业根据贷款合同约定进行规范还款。

通过实施存货质押融资，C 企业不仅成功盘活了积压的存货资金，还通过确保质押物的安全性和价值不变，扩大了经营规模，并提升了资金周转效率。

（2）动态抵质押

动态抵质押是指将流动资产作为抵押物的一种融资形式。流动资产包括应收账款、存货等，其价值会随市场需求和企业运营状况而波动。动态抵质押融资适用于经营状况多变、需迅速获取资金以应对突发需求，且拥有大量流动资产并希望灵活调配资金、提高资金使用效率的企业。其业务流程如图 6-10 所示。

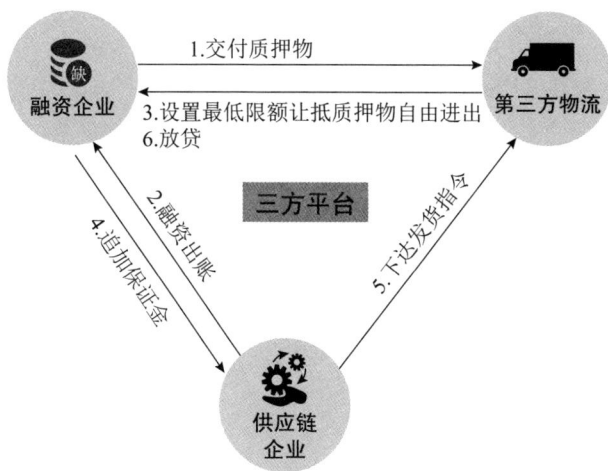

图 6-10　动态抵质押示意图

动态抵质押具有以下特点和优势。

①**灵活性高**：企业可根据自身经营状况灵活调整抵押资产，向贷款机

构提供更多流动性资产作为抵押，从而增强资金利用的灵活性。

②**风险分散**：企业能根据实际经营状况调整抵押品，有助于降低贷款机构的风险，同时提高贷款审批效率。

（3）仓单质押

仓单质押业务是一种以仓储监管为基础的融资形式。企业将持有的商品存货存放在金融机构认可的仓储机构，获得由该仓储机构颁发的仓单，再将仓单作为抵押品向金融机构申请贷款或融资。仓单质押业务的流程如图 6-11 所示。

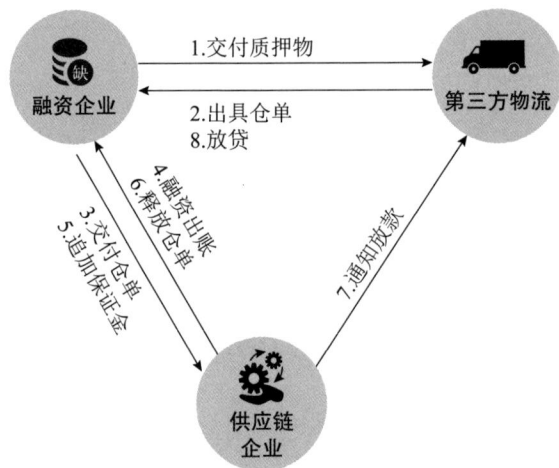

图 6-11　普通仓单质押示意图

仓单质押具有以下特点和优势。

①仓单质押的融资流程简洁明了，放款速度快，能够迅速满足企业资金需求。

②相对传统融资方式，仓单质押的融资成本较低。

③仓单可以交易转让，资金流动性更高。

3.预付账款融资

预付账款融资是基于供应链中买卖双方签订的真实贸易合同，银行为下游企业提供的以其销售收入作为第一还款来源的短期融资业务。该模式多用于采购场景，解决采购过程中遇到的资金瓶颈问题。其具体运作流程如图 6-12 所示。

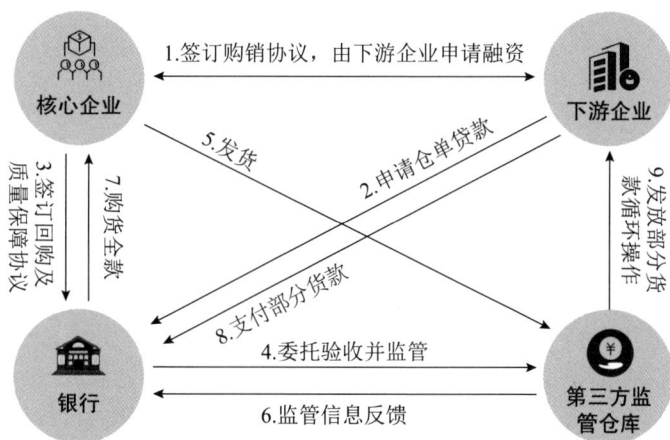

图 6-12　预付账款融资示意图

具体来说，通常预付账款融资有以下几种表现形式。

（1）先票后货（先款后货）融资

先票后货融资是指融资企业在缴纳一定保证金的基础上，向银行申请全额货款支付给供应商，供应商按合同约定发货至银行指定的第三方监管仓库，银行将这批货物作为授信担保。融资企业追加保证金后，银行通知仓库释放相应数量的货物。其具体运作流程如图 6-13 所示。

先票后货（先款后货）融资具有以下特点和优势。

①**优化资金流动性**：融资企业能够提前获取资金，支付供应商货款，缓解采购阶段的资金紧张状况。

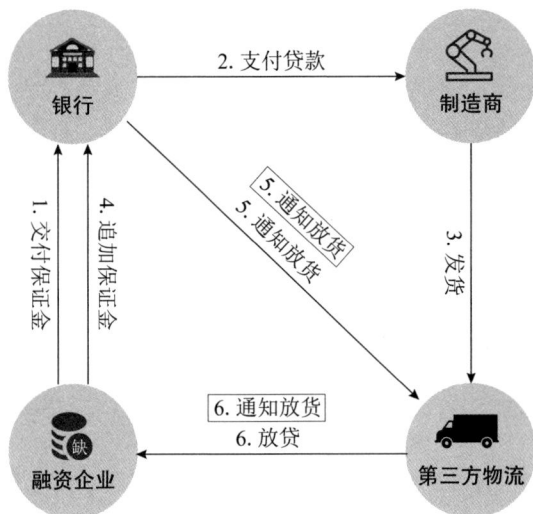

图 6-13　先票后货（先款后货）融资示意图

②**促进供应链协同**：上游供应商提前获得货款，稳定现金流；下游融资企业获得稳定的货源供应。

③**降低贷款风险**：银行将货物作为抵押，并通过第三方物流企业监管货物，增强安全性和可控性。

④**降低采购成本**：融资企业可进行大批量采购，获取商业折扣，降低采购成本并规避价格波动风险。

（2）担保提货授信融资

担保提货授信融资（又称保兑仓授信）是先票后货模式的变种。在买方缴纳一定保证金的前提下，银行贷出全额货款供客户向核心企业（卖方）采购，卖方出具全额提单作为授信抵押物。买方分次提交提货保证金，银行分次通知卖方发货，卖方对未发货部分承担退款责任。

该模式的应用常见于两种情形：一是下游企业通过一次性大量订货获得折扣优惠，但上游供应商因产能限制无法一次性发货；二是下游企业在淡季提前预订大量货物以获得价格优惠，旺季再提货。

采用担保提货授信融资模式对买卖双方及金融机构都有不少好处。

对卖方而言，不仅可以提前锁定销售量，保障了收款，减少了应收账款的占用，且无须向银行融资，降低了资金成本。

对买方而言，借助银行提供的融资，以较小的资金成本获得生产商给予的大额价格优惠，大幅降低采购成本。

对金融机构而言，能够以低风险获得相应的服务费及可能的汇票贴现费用。

担保提货授信融资的操作流程如图 6-14 所示。

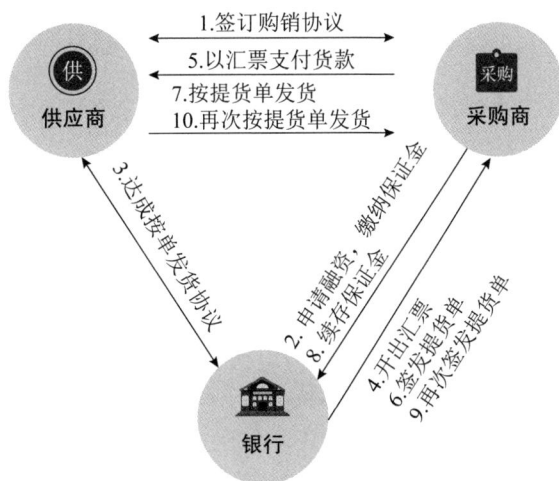

图 6-14　保税仓融资示意图

保兑仓融资模式具有以下三个特点和优势。

①质押的存货或应收账款是企业最基本的流动资产，这些优质质押物为融资机构筑起了一道坚实的本金安全防线。

②保兑仓融资的周期通常为 3 ～ 6 个月，企业可以根据自身的实际情况，随时提取或还款，实现资金的灵活使用。

③保兑仓融资相较于其他融资方式，具有较低的融资成本和较高的融资效率。这得益于其基于货物质押的特性，以及在供应链金融中的应用，

如商品流通领域和农业、医疗等行业，能够有效降低整体成本并提升供应链竞争力。

（3）商业承兑汇票

商业承兑汇票是一种授信方式，银行对商业承兑汇票的承兑人、背书人或持有人核定授信额度，并在授信额度内提供贴现。由于票据当事人在法律上存在票据责任，构成贸易结算双方的连带担保关系，因此该产品可作为独立的融资形态存在。其业务流程图如图 6-15 所示。

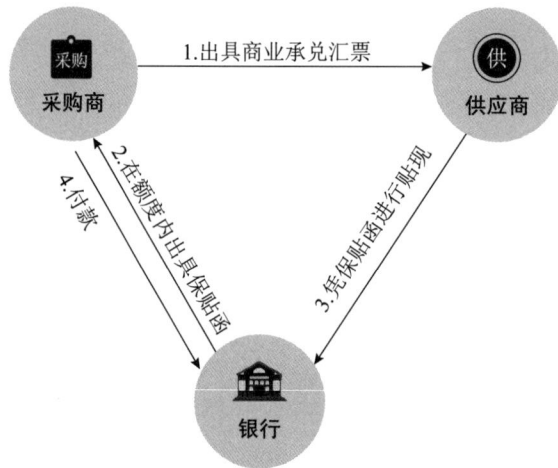

图 6-15　商业承兑汇票示意图

商业承兑汇票具有以下四个特点和优势。

①商业承兑汇票可以在票据市场上自由转让，具有很强的流通性，持票人可以通过背书等方式转让汇票。

②商业承兑汇票持有人可以在汇票到期之前向银行或金融机构进行贴现，以获得提前资金，便于资金周转。

③商业承兑汇票具有约定的支付期限，一般最长不超过 6 个月，有利于明确付款时间和债务履行义务。

④商业承兑汇票以其高度的支付便利性著称，能够轻松通过银行承兑、电子支付等多元化方式迅速完成支付流程。

（4）国内信用证

国内信用证是国内企业之间开展商品交易时，银行依照买方（融资企业）的申请开出的书面承诺，凭符合信用证条款的单据支付货款。它是一种适用于国内贸易的支付结算方式，由开证银行依照申请人（购货方）的申请向受益人（销货方）开出，具有一定金额和期限，凭信用证规定的单据支付款项的不可撤销的跟单信用证。其利用银行信用弥补商业信用，解决融资企业与陌生交易者之间的信用风险问题，规避传统人民币结算业务中的风险。此外，国内信用证不受签发银行承兑汇票时的金额限制，交易更具弹性，手续更简便。其业务流程如图 6-16 所示。

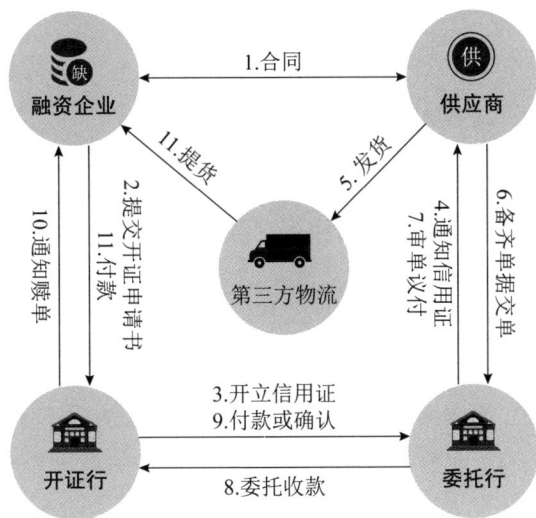

图 6-16 国内信用证示意图

在供应链管理中，国内信用证也是常用的融资手段之一，特别是在大型企业与供应商之间的供应链融资中。

国内信用证具有以下 3 个特点和优势。

①资金流向可控制。借助国内信用证，企业能确保资金流向被严格限定在指定的交易范围内，实现资金的可控性，有效防止资金被非法挪用等不利情况的出现。

②降低融资成本。国内信用证为企业提供了灵活的融资方式，有助于降低融资成本，提高资金利用效率。

③促进供应链发展。通过国内信用证的融资支持，供应商可以轻松获得资金，提高生产能力，促进供应链的发展和扩大。

三、十种供应链金融产品的对比分析

上文介绍了保理、保理池、反向保理、静态抵质押、动态抵质押、仓单质押、先票后货（先款后货）、保兑仓、商业承兑汇票、国内信用证等十种供应链金融产品，在此我们从应用场景、优势、劣势、风险等四个维度，对它们做进一步的对比分析，如表 6-2 所示。

根据不同的维度，结合这些金融产品在建筑产业链上下游的应用情况，我们可以对以上十种供应链金融产品进行多样化的排序分析。

1. 按照行业规模排序

商业承兑汇票＞保理、反向保理＞先票后货（先款后货）＞静态抵质押、动态抵质押、仓单质押＞保理池＞国内信用证＞保税仓

商业承兑汇票因其广泛的适用性，覆盖了各种规模和类型的企业，已成为供应链金融中重要的融资工具。近年来，随着国家对供应链金融的支持和实体企业融资难问题的缓解，商业承兑汇票的市场规模持续增长，特别是在中小微企业中，其使用率和认可度显著提升，为行业带来了巨大的发展潜力。

表 6-2　各金融产品的对比

术语	应用场景	优势	劣势	风险
保理	应收账款融资	快速融资，减轻应收账款管理压力	融资成本高	应收账款真实性风险
保理池	整合多笔应收账款融资	提供融资效率，降低融资成本	对保理池内应收账款质量要求高，可能涉及多个买方信用风险	池内账款质量不均风险
反向保理	核心企业主导的应收账款融资	适用于供应链融资，优化现金流	使用范围有限，对核心企业依赖大	核心企业信用风险
静态抵质押	固定资产或存货抵押融资	利用闲置资产融资，利率相对较低	抵押物流动性差，管理成本高	抵押物贬值风险，抵押物处置风险
动态抵质押	存货或应收账款质押融资，允许替换	较高的资金周转率，灵活性高	监管难度大，易引发风险	质押物贬值风险，质押物替换风险
仓单质押	存货仓单质押融资	适用于库存稳定的企业，融资便利	仓储和监管成本高	仓单真实性风险及货物安全风险
先票后货	预付类融资，先付款后发货	缓解采购资金压力，确保货源稳定	占用资金时间长，资金成本高	供应商违约风险
保税仓	银行参与下的采购融资	银行担保降低风险，融资便利	涉及多方合作，操作复杂	合作方信用风险
商业承兑汇票	贸易结算，由买方承兑	支付灵活，降低资金成本	融资成本高（如贴现），买方信用风险	买方违约风险，票据伪造或欺诈风险
国内信用证	贸易结算，银行担保	贸易双方信用保障，融资便利性	手续复杂，费用较高，流程繁琐	开证行信用风险，贸易纠纷风险

137

保理及反向保理：保理业务涉及应收账款的融资，适用于有一定规模应收账款的企业，行业规模也较大。

先票后货（先款后货）、保兑仓：通常用于大型供应链或采购场景，行业规模相对较大。

静态抵质押、动态抵质押、仓单质押：其更侧重于库存或动产融资，适用于一些特定行业或领域，行业规模相对较小。

保理池：主要适用于一些规模较大而应收账款管理较复杂的企业，行业规模相对较小。

国内信用证：虽然国内信用证在贸易中有一定应用，但其适用范围相对有限，行业规模相对较小。

保税仓：主要用于存储进口货物并享受税收优惠政策，主要局限于涉及进口材料和设备的项目。

2. 按照交易风险系列排序

商业承兑汇票＞保理池＞先票后货、保兑仓＞静态抵质押、动态抵质押、仓单质押＞保理、反向保理＞国内信用证

商业承兑汇票：其支付依赖于承兑人的信用状况，故交易风险相对较高。

保理池：因涉及多笔应收账款的集中融资与管理，故风险相对较高，管理亦显复杂。

先票后货（先款后货）、保兑仓：这些产品涉及预付或保证金支付，供应商违约风险较大。

静态抵质押、动态抵质押、仓单质押：这些产品涉及抵质押物的管理和价格波动，存在一定风险。

保理及反向保理：保理业务通常基于应收账款的转让和融资，风险相对较低。

国内信用证：由银行参与并提供信用担保，因此交易风险相对较低。

3. 按照操作简便性排序

商业承兑汇票＞国内信用证＞保理、反向保理＞先票后货（先款后货）、保兑仓＞静态抵质押、动态抵质押、仓单质押＞保理池

商业承兑汇票：其操作相对简便，只需双方签署并交付票据即可完成交易。

国内信用证：虽然涉及银行，但操作流程相对标准化，简便程度较高。

保理及反向保理：其涉及应收账款的转让和融资，操作流程相对简单。

先票后货（先款后货）、保兑仓：其涉及预付款或保证金的支付，操作相对复杂一些。

静态抵质押、动态抵质押、仓单质押：其涉及抵质押物的评估和监管，操作相对烦琐。

保理池：其涉及多笔应收账款的管理和融资，操作相对复杂，需要较高的管理能力和技术支持。

上述对 10 种金融产品在行业规模、交易风险及操作便捷性上的排序，仅为基于市场实践的一般性参考。实际应用中，需围绕产业链的具体交易结构（如上下游账期、货物周转特性、核心企业信用强弱等）选择适配的金融工具。

供应链从业者应重点关注以下三点。

一是穿透交易本质：分析交易环节中的资金缺口、信用传递路径及风控抓手，避免生搬硬套产品模式；

二是动态平衡效率与安全：高便捷性产品（如电子商票）可能伴随流动性风险，需结合增信措施；

三是借力金融科技：通过数据对接（如物流、票据流）提升动产监管效率，降低操作复杂度。

供应链金融的核心目标是用金融工具疏通产业链堵点，从业者需深入理解产品逻辑，灵活组合应用，才能使"金融活水"精准滴灌实际业务链。

》》第三节　供应链金融的风控管理与注意事项

一、不同阶段的供应链金融风险

供应链金融涵盖了整个业务流程，可将其划分为六个重要环节，分别是寻源、协议、采购、开票、核实、支付，即所谓的"端对端供应链金融"。根据融资行为发生的时间节点，可将其分为战略融资、装运前融资、在途融资和装运后融资，如图 6-17 所示。

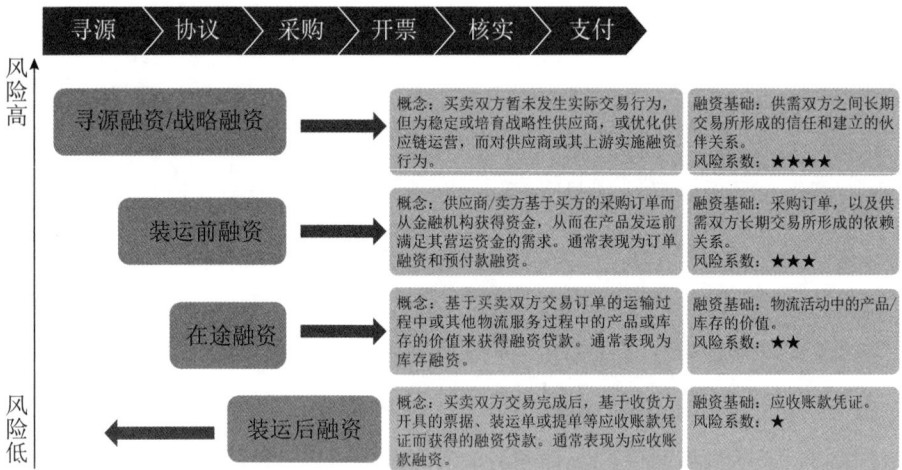

图 6-17　不同阶段的供应链金融风险

不同阶段的风险程度存在较大差异。在交易尚未发生之前，基于双方建立的长期信任关系的融资风险最高。随着采购订单的形成，融资趋于正式且风险逐渐降低，其中在产品运输过程中的融资风险较低，交易完成后形成的应收款融资风险最小。

二、不同参与方存在不同的风险

任何事物都有其两面性。供应链金融给供应链上的核心企业、融资企业（通常为中小企业）、金融机构等参与方带来巨大的价值同时，也让它们面临着不同的风险。

1. 核心企业的道德风险

核心企业凭借其优势地位，在交货期限、价格设定及账期安排等贸易条件上倾向于自身利益，这可能会致使供应链上的中小企业面临资金困境，加剧其融资负担。一旦中小企业的负债压力超过其承受能力，核心企业反而可能成为触发供应链系统性风险的关键因素。

规避方法：建立清晰的供应链合作规则和道德准则，确保核心企业与其他参与方的公平交易；加强对核心企业的信用评估和监管，确保其履行合同约定，避免滥用市场地位。

2. 融资企业的两大风险

一是资金流动性风险。由于供应链中的资金流动受到核心企业行为的影响，融资企业可能面临资金短缺或流动性紧张的问题。

二是担保和质押物风险。若融资企业使用担保或质押物进行融资，这些资产的价值波动或损失可能带来风险。

规避方法：融资企业应制定科学的资金管理策略，以保障资金流的稳定与充裕。在选择担保和质押物时，应充分考虑其价值和稳定性，并进行定期评估。

3. 金融机构的三大风险

一是信用风险。这主要来源于供应链中的参与方，特别是核心企业和融资企业的还款能力和意愿。

二是操作风险。由于供应链金融涉及多个环节和参与方，操作失误或欺诈行为都可能导致损失。

三是市场风险。比如，利率、汇率等市场要素的变动，可能对金融机构的资产和收益产生不利影响。

规避方法：金融机构应建立严格的信用评估体系，对参与方进行充分调查和评估；引入先进的技术手段，如区块链、大数据等，提高操作效率和透明度，降低操作风险；加强市场风险的监测和预警，及时调整投资策略和风险管理措施。

此外，为有效防范供应链金融风险，所有参与方还应采取以下措施：建立清晰透明的合同，明确规定供应链融资协议的条款；确保所有参与方都清楚自己的责任和义务；监测供应链的财务状况，确保资金流动的稳定性；利用信用保险、第三方金融机构等手段来分散和降低风险；建立一个内部控制体系，确保所有操作符合规定，降低操作风险。

三、防范核心企业的金融违约风险

在供应链金融风险管理中，由于核心企业在供应链中占据主导地位，往往成为风险的源头。该如何防范核心企业所产生的违约风险呢？我们结合行业的实践，总结了以下几种做法。

1. 建立供应链金融平台

通过供应链金融平台整合各参与方信息，加强信息披露和监控，提高交易透明度，降低核心企业违约风险。例如，中国银行推出的"链上金融"平台，涵盖应收账款融资、订单融资等供应链金融服务，借助区块链技术，有效打破了信息壁垒，构建起银行与企业间畅通的信息共享桥梁。

2. 建立供应链金融的信用评估体系

借助供应链金融信用评估体系，对参与各方的信用状况进行全面评估与持续监控，提供及时的风险预警，从而有效减轻中小企业因核心企业违约而遭受的损失。比如，招商银行为供应链金融客户建立了一套全面的信用评估体系，包括企业基本信息、财务信息、信用记录、行业背景等多维度数据，并据此对企业进行信用评级和评分，为融资决策提供参考。

3. 不断创新金融产品，满足中小企业的融资需求

通过为中小企业提供多种灵活便捷的融资方式，如绿色金融产品、数字资产交易平台等，不仅缓解了其对核心企业的融资依赖，还进一步降低了核心企业的违约风险。

4. 建立行业协会合作共建机制

通过各行业协会联合合作，建立供应链金融合作共建机制，加强供应链各方之间的协作，推动信息共享和风险分担，降低核心企业违约带来的影响。当前，各地都有成立供应链金融联盟、数字经济合作协会、创新产业联盟、可持续发展合作组织等相关机构，可在此基础上构建起各行业协会的合作共建机制。

除以上措施外，近年来国家对供应链金融也在强化监管，不断完善相关法律法规，明确各方责任和义务，提升法律风险成本，有效约束核心企业的违约行为。同时，随着区块链、数字化技术稳步推进，推动了线上线下的互联互通，为防范供应链金融风险的发生提供更强大的技术支持。

四、风险管理四大注意事项

1. 融资企业的准入管理

供应链金融服务中，融资企业作为服务对象，其信用状况和经营能力对融资项目风险具有直接影响。为确保风险可控，必须建立严格的准入标准，对融资企业进行详尽的信用评估和审查。这包括但不限于企业的财务状况、经营管理水平、市场竞争力、信誉度等多方面因素，以及与核心企业既往的交易记录。这包括对融资企业的财务报表、经营历史、市场竞争力及实际控制人背景等进行深入调查和分析，确保其符合融资要求并具备还款能力。

2. 供应链交易的真实性与合规性审查

供应链金融的基础是供应链交易，因此交易的真实性和合规性对风险管控至关重要。需要对供应链交易的相关文件进行仔细审查，包括合同、发票、物流单据等，确保其真实有效。同时，还需要关注交易的合规性，防止因违规操作带来的风险。

3. 质押物与担保措施的管理

在供应链金融中，质押物和担保措施是降低风险的重要手段。应对质押物的种类、数量、质量及价值进行全面细致的评估，确保其担保能力充足。同时，还需构建质押物的严格监管体系，以保障其安全无虞、完整无缺并发挥实效。至于担保措施方面，则需清晰界定担保人的资质条件、明确其担保责任范围及担保期限等细节，以确保担保措施既有效又便于执行。

4. 关注官方平台的信息披露

防范风险需要建立信息获取渠道。根据实践总结，信息获取主要有以下五个渠道：

一是政府监管部门平台，如银保监会、证监会等金融监管机构，它们会定期发布供应链金融相关的政策、监管要求以及风险警示等信息。它们提供了权威的供应链金融风险管理指导，有助于金融机构和企业及时了解风险动态，制定相应的风险管理措施。

二是行业协会与自律组织平台，如中国供应链金融产业联盟、中国物流与采购联合会等，它们也会发布行业动态、研究报告、风险案例等，为会员单位提供风险管理的参考和借鉴。

三是征信机构与数据服务商平台，如中国人民银行征信中心、芝麻信用等，它们提供供应链金融相关的信用信息查询、风险评估等服务。这些平台可以帮助金融机构和企业更全面地了解供应链参与方的信用状况，降低信息不对称带来的风险。

四是交易所与金融服务平台，如上海票据交易所、供应链金融服务平台等，它们也提供供应链金融相关的信息披露服务。这些平台可以实时发布交易信息、融资项目、质押物情况等，有助于参与方及时了解市场动态和风险状况。

五是新闻媒体与财经网站，它们会报道供应链金融领域的新闻动态、政策解读、案例分析等，为金融机构和企业提供风险管理的参考和启示。

第七章　数字化工具：供应链管理的智能化升级

供应链的端到端管理转型升级，离不开数字化技术的支持。数字化将各业务模块、参与方和关键要素串联起来，实现数据的在线化、实时化，为供应链的转型升级提供坚实支撑。

))) 第一节　供应链管理迎来数字化红利

提及数字化，我们先得了解数字经济。数字经济作为一种区别于农业经济、工业经济的全新经济形态，以数字技术为根基，借由数字化转型与创新，有力地推动着经济活动不断发展与升级。

一、数字化发展的政策前景

数字经济以数据资源作为关键要素，依托现代信息网络为主要载体，通过信息通信技术的融合应用以及全要素数字化转型，成为经济发展的重要推动力。

近年来，5G、大数据、云计算、量子计算、移动互联网、物联网、人工智能等技术的普及，为数字经济的发展提供了从算法、算力到数据的全面支撑。国家政策也为数字经济的落地提供了明确方向：

国务院印发的《"十四五"数字经济发展规划》中提出，到 2025 年数字经济核心产业增加值占 GDP 比重达到 10%。商务部、中央网信办、发展改革委印发的《"十四五"电子商务发展规划》中提出，到 2025 年实现电子商务交易额 46 万亿元。《"十四五"信息化和工业化深度融合发展规划》中提出，到 2025 年工业互联网平台普及率达 45%，企业经营管理数字化普及率达 80%，数字化研发设计工具普及率达 85%，关键工序数控化率达 68%。这些政策目标，充分彰显了国家对于数字经济发展的高度重视与大力支持。

二、供应链发展的三次红利

我国供应链的发展历程中，先后迎来三次重要红利。

第一次红利源于引进国外先进技术。2001 年 12 月 11 日，中国正式加入世界贸易组织（WTO），众多世界先进制造企业纷纷涌入中国市场。由此，原材料、加工、组装、生产等全产业链逐步构建起来，带动了生产加工业的蓬勃发展，丰富了采购商的供应链资源体系。此外，阿里巴巴等一批互联网企业的兴起，让采购商能够相对便捷地获取供应商资源。

第二次红利主要由内生需求驱动。随着基建的爆发及城市化的快速发展，我国的市场需求规模也急剧增长。与此同时，制造业蓬勃发展，产能急速提升，供给端的市场竞争加剧，采购商纷纷采取集采合作模式，供应成本大大降低。

当前，数字化正给我国供应链的发展带来第三次红利。企业通过数字化的改造升级，提升企业的经营质量。以本书所阐述的工程项目为例，建筑业正在步入全面数字化的发展阶段。

第一个阶段：传统时期（1980—2000 年），以人工为主，生产效率低下。

第二个阶段：信息时代（2000—2020 年），管理流程在线化，企业办公协同、管理软件出现，信息化生产力工具包括 CAD、工程造价软件等。

第三个阶段：建筑数字化（2020—至今），管理模式不断创新，包括 EPC（工程总承包）模式、多方协同管理平台，数字化工具方面包括 BIM

平台、建筑机器人、云大物智移等。新型数字化技术正驱动建筑行业实现贯穿全生命周期的数字化转型。

三、供应链数字化转型的三大价值

传统供应链管理存在信息不透明、缺乏协同、交易成本高、反应速度慢、风险管控不足等问题，难以适应新时代的发展需求。因此，实施供应链数字化转型，成为企业必然也必须的选择，其核心价值体现在以下三方面。

1. 管理提质提效

数字化打破了传统供应链中的数据孤岛，实现各环节的数据共享与协同合作，提升整体运作效率。基于数据分析的采购决策和供应商评估，进一步提高了采购效率和供应商管理质量。

2. 风险管理和安全防范

数字化技术支持企业进行风险建模和实时监控，增强供应链的风险识别与应对能力，有效防范安全隐患。

3. 商业模式变革

数字化不仅实现了供应链的在线化、数字化和智能化，还推动了商业模式的升级。企业可以从满足内部需求转向向合作伙伴输出供应链服务，创造新的商业价值。

))) 第二节　供应链数字化转型的理论框架

一、数字供应链转型的基础薄弱

根据对 135 家企业的调研数据，企业在数字化发展上呈现出明显的阶段性特征。

45.18% 的企业：仅部署了 OA、财务等基础管理软件，信息化水平较低。

20% 的企业：已完成信息化部署，但尚未启动数字化。

19.26% 的企业：信息化已完成，部分业务线开始数字化试点。

9.6% 的企业：部分业务线数字化部署完成，进入全面数字化升级阶段。

从以上数据可以看出，企业在信息化 / 数字化投入上普遍"重行政管理、轻业务管理"，支撑业务发展与经营管理的信息化 / 数字化建设相对薄弱。具体而言，企业在实施供应链数字化转型时，主要面临以下三方面问题：

1. 转型认识不足

缺乏数字化战略规划与顶层设计，权责体系不清晰，数字化转型文化缺失，导致转型方向不明确，执行过程中阻力重重，往往半途而废。

2. 转型能力不足

缺乏数字化关键人才、技术平台、系统设计能力，以及清晰的决策模型和方法论，难以支撑数字化转型的落地。

3. 转型业务复杂

数据标准化程度低，数据价值挖掘不充分，数据治理能力不足，难以满足数字化转型的需求。

因此，企业要顺利实施数字供应链转型，须基于现状梳理业务模式，规划转型路径，引进关键人才，并借助外部专业机构的力量，确保数字化转型的顺利推进。

二、数字供应链与传统供应链的对比分析

供应链数字化转型的本质是利用现代数字技术为利益相关者创造价值，提供创新服务，并快速适应环境变化。与传统供应链相比，数字供应链在六个关键维度上具有显著差异，如图7-1所示。

	传统供应链	数字供应链
信息	链条太长，信息不对称，易形成信息孤岛	数据共享、信息共享、实时信息互换
效率	业务流程相对长，后台功能相对较弱	端到端的可视化，提升供应链响应能力
决策	思维驱动决策、滞时决策、被动决策	数据驱动决策、即时决策、主动决策
计划	人力分析、被动预测、分散计划	智能分析、主动预测、协同计划
风控	人力识别、过程防范	数字监控、风险预警
安全	人工治理	技术介入

图7-1 传统供应链与数字供应链对比

1.信息层面

传统供应链中，信息流转不畅，数据口径不一致，各参与方之间的信息孤岛现象严重，导致沟通效率低下。而数字供应链通过数据与信息共享，实现了多参与方之间的实时信息互通，确保各方能够随时了解最新的信息数据，提升了整体协作效率。

2.效率层面

传统供应链的后台功能较弱，需求响应与问题解决效率低，尤其是在建筑行业这种业务复杂、决策流程长的领域，问题尤为突出。数字供应链通过端到端的可视化，提升了供应链的快速响应能力，实现了敏捷化管理，能够更快满足客户需求。

3. 决策层面

传统供应链依赖经验驱动决策，决策过程往往滞后且被动，管理者常常依靠个人经验做出判断，缺乏数据支持。而数字供应链基于数据驱动决策，能够实时获取数据并进行分析，做出更为客观、科学的决策，实现了实时、主动的决策支持。

4. 计划层面

传统供应链在计划管理方面依赖人力分析，计划分散且被动，难以应对复杂的项目需求。数字供应链通过智能分析，结合项目进度主动预测，实现了计划的协同推进与落地实施，提升了计划的准确性与执行效率。

5. 风险层面

传统供应链依赖人力识别风险，风险管控能力较弱，难以应对复杂的供应链环境。数字供应链通过数据监测，能够实时反映合作方的动态，做到事前风险预警，大大提升了风险识别与应对能力。

6. 安全层面

传统供应链依赖人工督促安全生产，安全管理的效率与效果有限。数字供应链通过实时监控与智能提醒，能够及时发现安全隐患并采取措施，保障工地安全作业，提升了安全管理的水平。

三、数字供应链管理的"174 模型"

打造企业的数字供应链管理平台时，企业需要先回答三个问题：

①数字供应链是否有明确清晰的价值主张？

②是否把握住供应链管理业务的核心根基？

③是否有核心能力支撑数字供应链的落地？

根据实践总结，我们提出了数字供应链搭建的"174模型"，如图7-2所示。

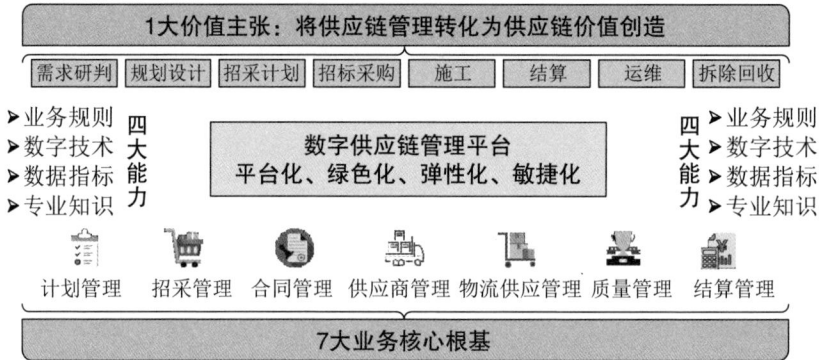

图7-2　数字供应链"174模型"

1.1 大价值主张

这个价值主张就是将供应链管理转化为供应链价值创造。数字供应链不仅是管理工具，更是为工程项目建设全价值链赋能的主动行为（见图7-3）。结合项目全生命周期，数字化供应链管理可分为四个阶段。

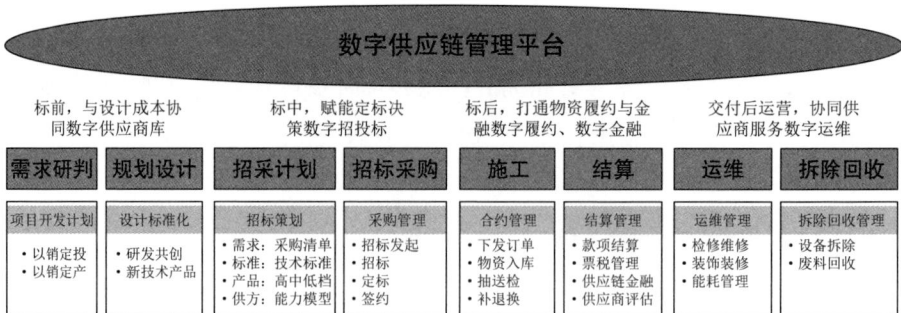

图7-3　数字供应链赋能建筑全生命周期

①标前，与设计成本协同。打造数字供应商库，为设计选型、成本造价提供数据支撑。

②标中，赋能定标决策。打造数字化招采业务流程，实现招投标的在线化、合规化、阳光化。

③标后，赋能物资履约与供应链金融。物资供应实时管控，挖掘供应链的价值，基于供货合同、应收账款等开展供应链金融业务。

④交付后运营，协同供应商提供服务。围绕建筑运维，实现闭环管理，寻求第二增长曲线。

2.7 大业务核心根基

7 大核心业务根基包括计划管理、招采管理、合同管理、供应商管理、物流供应管理、质量管理、结算管理。

建筑企业作为供应链核心企业，需整合多参与方完美交付项目。供应链建设离不开七大核心业务根基的支撑（见图 7-4），这些根基贯穿项目全过程，涉及各参与方与生产要素（人、机、料、法、环，即人员、机器、物料、方法、环境）及管理要素（进度、成本、质量、安全）。每一个要素的变化都会对供应链的业务运作产生影响，只有具备完整的数字供应链管理体系，才能高效快速地响应业务诉求。

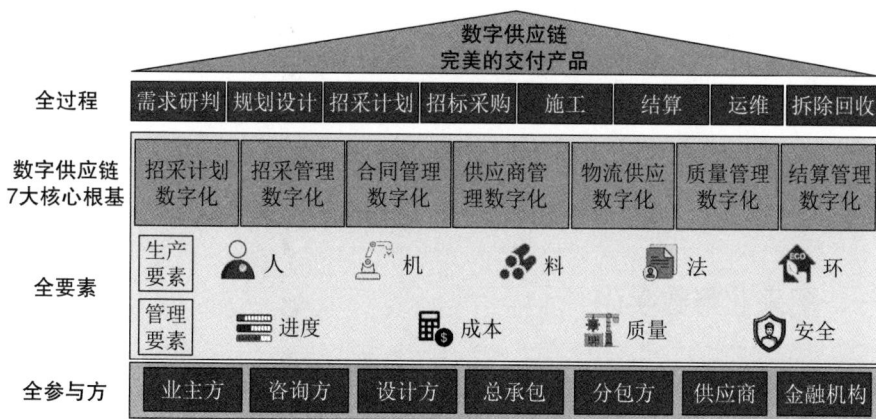

图 7-4　数字供应链的 7 大核心根基

3.4 大核心能力

除了把握七大核心业务根基，打造数字供应链管理平台还需要锻造企业的四大核心能力，即规则、技术、数据、专业能力，以支撑数字供应链的建设与发展。

规则：包括产品标准化、业务标准化、供应商管理办法等，是企业运行的基石，也是数字化得以落地的基础。

技术：支撑数据采集、提炼与建模的数字化技术及软硬件设备，确保数据的准确性与实时性。

数据：通过数字化治理，形成供应商资源库、部品部件库、合同库等，为决策提供数据支持。

专业：围绕业务场景的专业知识与方法论，形成独有的案例库，确保数字化转型的深度与广度。

))) 第三节 供应链数字化转型的方法与策略

企业实施数字供应链转型是一个复杂且循序渐进的过程，需要紧密结合企业发展战略及其所处的发展阶段，分阶段、分步骤稳步推进。

结合行业发展现状及实践经验，我们将企业数字供应链转型分为三个阶段，分别是招采业务数字化、供应链协同数字化与供应链生态融合数字化。

一、招采业务数字化

招采业务是整个供应链管理的核心。企业可以将需求侧的项目需求数字化与供给侧的供应商资源数字化结合，实现信息流的畅通，以实现招采业务的数字化，如图 7-5 所示。

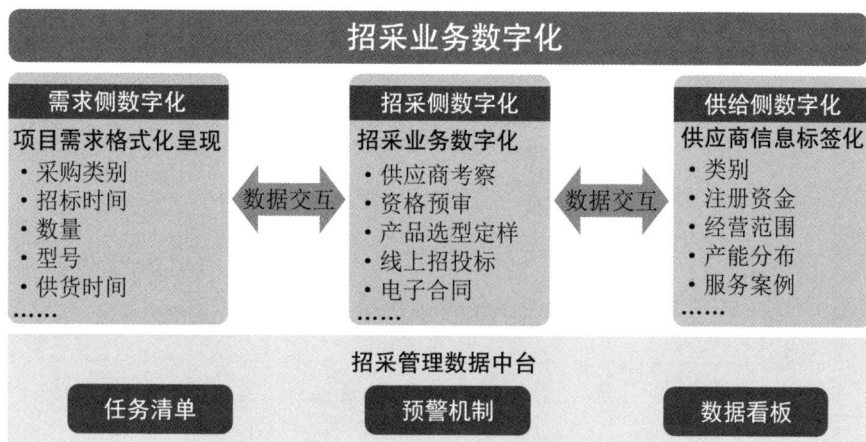

图 7-5 招采业务数字化

依托于招采业务的数字化，企业可以实现从供应商寻源、考察、资格预审、产品选型、供应商入库、线上招投标、电子合同、电子签章等全流程的在线管理，让招采业务标准化、阳光透明化，且全程可知可控，让招采工作的质量实现质的飞跃。

基于招采业务数字化，数据中台形成三大管理看板，分别是生成任务清单、预警机制与数据看板。任务清单，基于招采计划，提前给予最新招采任务提醒；预警机制，基于计划延期、资金超额、供应延迟等关键业务给予风险事前预警；数据看板，每一个招标事项的执行全过程随时可查。

二、供应链协同数字化

在成功实现招采业务数字化的基础上，企业应向供应链价值链的前后端延伸，打通全价值链，达成信息流、资金流、商品流与服务流的"四流合一"，将供应链管理切实转化为供应链价值，具体如图 7-6 所示。

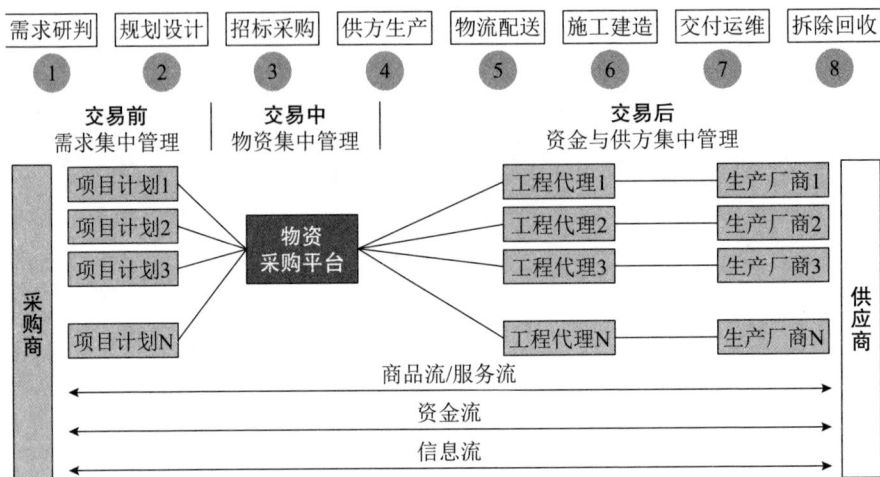

图 7-6　供应链协同数字化

交易前：实现需求的集中管理。建筑企业的项目业态多、需求分散在各项目上，通过数字供应链集中管理各项目的需求，合并同类项达到集约化采购的目的。

交易中：打造企业物资采购平台。基于各项目的物资采购需求，实现采购物料的集中管理，打通物资流。

交易后：落实供应商履约评价及基于合约履约结算等推动供应链金融，打通物流与资金流。

通过全链条的覆盖，实现供应商资源与项目需求的集中管理，真正发挥与实现供应链的价值，保障各项目的交付落地。

三、供应链生态融合数字化

完善的数字供应链管理平台，融合了集团层的经营决策需求、企业层的业务指导需求、项目层的作业落地需求，满足企业内不同角色的工作开展需求，如图 7-7 所示。

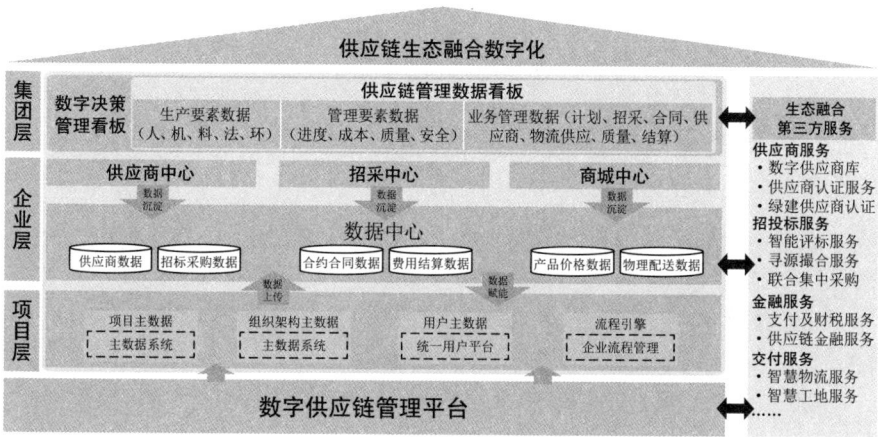

图 7-7 供应链生态融合数字化

同时，企业供应链建设并非孤立存在，而是要与行业生态深度融合，不断夯实数字供应链的治理能力。

围绕供应商的治理，与第三方平台的数字供应商库打通，不断引入供应商资源活水，激活存量供应商，建立优胜劣汰的淘汰机制。同时，通过第三方输出的供应商认证服务，提升供应商的选入质量。发展绿色建筑是大势所趋，通过绿建供应商的认证，优化供应商的资源结构，打造企业可持续发展供应链。

除供应商服务之外，还包括招投标服务、金融服务、支付服务等。通过与外部第三方在数据、产品、服务等方面的融合，进一步赋能企业内部的供应链业务发展。

当下，AI大模型发展迅猛，垂直细分领域的基于业务场景诞生各类大模型，如需求预测、智能比价、数据分析等大模型，也如雨后春笋般冒出来。企业的供应链平台通过接入大模型应用，将会进一步提升供应链管理的效率。

))) 第四节　供应链数字化转型的实施路径

具体来说，供应链数字化的实施路径有六个步骤，依次是确立战略、明确业务方向、梳理标准化、数字化方案、数字化实施与建模、数据治理与迭代。每个步骤都紧密相连，共同构成了实现供应链数字化转型的有效路径。

一、确立战略

通过制定清晰的发展战略，企业可以确定供应链数字化转型的愿景、目标和重点，从而引领整个转型过程朝着正确的方向前进，确保各个部门在转型过程中朝着相同的目标和方向努力，协同合作，减少冲突和不必要的阻力，同时也能帮助企业全面评估数字化转型所需的资源、投资和人才需求，规避潜在的风险和挑战，确保数字化转型实施顺利、有效。

需要特别提醒的是，供应链数字化转型一定是为企业的总体发展战略服务的。在实际操作中，部分企业盲目照搬标杆企业的经验，却忽略了自身战略需求，导致数字化转型与企业实际情况脱节，难以持续推进，最终只能半途而废。

二、明确业务方向

基于企业战略，确立业务发展方向。企业的业务大致可分为核心业务、成长业务与未来业务，不同的业务方向所需要的数字化解决方案和技术应用也有所不同。

因此，明确业务方向有助于确保数字化转型与业务战略高度契合；有助于企业识别和优化关键供应链流程；有助于企业建立客户导向的供应链体系，提供个性化、定制化的服务，增强客户关系和市场竞争力。

三、梳理标准化

根据业务成熟度，进行业务标准化及产品标准化。我们对 135 家企业的调研结果显示，高达 69% 的企业认为标准化是制约数字化转型的最大障碍。

标准化的流程和数据格式有利于数字化系统的对接和集成，帮助企业实现信息流畅、数据准确的数字化转型，有效整合各个系统和平台。同时，标准化能帮助企业统一供应链流程和规范操作，确保各个环节的协调一致，提高运作效率和质量，降低运营成本，提高工作效率，实现资源的最大化利用。

此外，标准化还能让企业可以更好地与供应链合作伙伴之间分享信息，促进协作，加强整个供应链的联动性和协同效应，确保供应链运作稳定和可靠，提高产品和服务质量，增强客户满意度。

四、制定数字化方案

制定数字化方案有助于明确转型的重点和优先事项，确保转型项目的有效推进；有助于根据企业的具体业务需求，选择适合的技术解决方案，以实现供应链的可见性和协作性。

对于数字化基础薄弱的企业，建议充分借助第三方数字化团队的专业能力进行数字化咨询，确立切实可行的数字化转型方案。

五、数字化实施与建模

根据制定的数字化方案，搭建企业数字化供应链管理平台。在此过程中，通过数字化建模，企业可以对供应链流程进行模拟和优化，找出瓶颈和改进空间，提高流程效率和响应速度，实现对整个供应链运作的实时监控，提升供应链的透明度。

此外，数字化建模便于快速测试新的供应链策略和方案，促进创新和持续改进，帮助企业保持竞争优势。通过共享数字化模型和数据，企业与合作伙伴能够加强沟通与协调，共同优化供应链，实现业务目标。

六、数据治理与迭代

数据治理的核心在于基于业务需求优化数据结构，迭代数据模型。通过规范化数据格式、建立数据仓库和分析平台，企业能够确保数据质量和一致性，减少数据错误和重复性工作，快速获取准确可靠的数据，为战略制定和供应链优化提供有力支持。

同时，制定数据安全政策、权限管理和数据备份策略，能够保护数据隐私和安全，确保企业遵守相关法规和标准，降低数据泄露和违规风险。根据数据分析结果和反馈进行持续迭代优化，能够逐步提升数据治理水平和供应链效能。通过建立数据共享平台、规范数据交换和共享流程，加强跨部门协作，实现信息共享和知识传递，提升企业整体效率和创新能力。

第八章 组织升级：构建供应链管理的保障体系

组织保障是供应链转型升级的前提。组织架构的搭建与企业的管理模式息息相关，在搭建供应链管理组织时，不同的考量因素会带来诸多差异。而实现供应链平台化运营，也会促使组织发生一系列变化。本章将重点阐述供应链的组织力。

))) 第一节 供应链管理下的组织力升级

一、组织体系架构搭建的背后逻辑

供应链转型的落地实施需要强有力的组织来保障。由于每个企业的管理模式各不相同，不存在一套通用的、能确保供应链转型成功的标准组织搭建方式。不过，基于实践经验，对于搭建供应链组织架构，我们有以下三点建议。

1. 导向选择

根据行业研究，供应链管理组织架构的搭建主要有三种导向，分别是以财税规划为导向、以内部运营为导向和以社会化运营为导向。不同的导向决定了组织的核心职能与发展方向。

2. 搭建依据

组织架构的搭建需要依据企业战略、业务需求和制度规则。缺少战略指引和制度支撑，组织搭建很难成功。企业战略明确了组织的长远目标，业务需求决定了组织的具体职能，而制度规则则保障了组织的有序运行。

3.权责匹配

无论采用哪种架构，最关键的差异都体现在"物"与"钱"的权责匹配上。例如在物资采购中，集采外物料采购计划是由供应链部门统一管理，还是交给项目一线管理；对上游的结算，是由供应链管理部门统筹，还是分散由项目一线负责。这些做法并无绝对对错，关键在于是否契合企业自身情况。

二、从采购向供应链转型的组织变化

从原有采购部升级为供应链管理中心，其在企业中的功能定位有了根本性的变化。接下来，我们从角色定位、业务职能、能力要求与组织要求等四个维度进行对比，如表 8-1 所示。

表 8-1　采购部与供应链管理中心的对比

分类	采购部	供应链管理中心
角色定位	站在甲方视角，实现本方利益最大化	站在双边视角，保障双方合作共赢
业务职能	落实好招投标管理、合约管理、供应商管理	落实好商品价格管理、双边客户管理、平台双边客户运营、供应链交易履约服务保障管理、运营数据分析
能力要求	熟悉招投标流程、商务谈判	商业模式与盈利模式设计、双边客户运营能力、数据建模与数据应用能力
组织要求	三大核心部门 供应商管理、合约管理、采购管理	组织配套完整： 计划管理、合约管理、采购管理、供应商管理、样板管理、配送管理、质量管理、付款与结算管理等

1. 角色定位

原采购部站在甲方视角，选品选商时追求本方利益最大化；转变为供应链管理中心后，从平台视角出发，注重保障供需双方合作共赢，更强调供应链的整体协同与发展。

2. 业务职能

原采购部业务主要围绕采购招投标、合约管理、供应商管理开展；而供应链管理中心的业务范畴更广，需开展双边客户管理与运营、交易履约全流程的保障管理以及运营数据分析等工作，以实现供应链的全方位管理。

3. 能力要求

原采购部只需工作人员熟悉招投标流程和商务谈判；如今供应链管理中心则要求相关人员关注商业模式与盈利模式，具备双边客户运营能力，以及数据建模与数据应用能力，以适应数字化和多元化的供应链管理需求。

4. 组织要求

原采购部的三大核心部门为供应商管理、采购管理与合约管理；现在供应链管理中心的组织要求涵盖计划管理、供应链管理、合约采购管理、付款及结算管理、样板管理、配送管理、质检管理等，组织架构更加完善和复杂。

三、三种供应链组织架构对比

如前文所述，企业供应链管理部门的组织架构大致有三种导向，即以财税规划为导向、以内部运营为导向与以社会化运营为导向，如表8-2所示。

表 8-2　三种供应链组织架构类型

类型	定位	优势	劣势
财税规划为导向	合理避税＋部分票据业务	聚焦财税业务，组织架构简单	功能单一，缺乏集中管理职能
内部运营为导向	集中采购、统一配送、统一支付、税筹、供应链融资	①集中管控、提高效率，供应商无需对接所有项目；②多元化支付方式，税筹资金由供应链公司控制	①局限于内部业务，供应链公司发展与企业自身业务量挂钩
社会化运营为导向	互联网电商平台（平台赋能、市场化运营）	①打破原有采购体系，通过外部业务实现规模增量；②通过B2B互联网思维和数字化手段吸引资本市场，有可能通过IPO，实现分拆上市	①需要组织重建，采购、财务、市场、IT人员缺一不可；②只能以中小客户为主，加上跟供应商业务相冲突，较难兼容

1. 以财税规划为导向

以财税规划为导向的供应链管理部门，其定位是合理避税并做好部分票据管理。优势在于能聚焦税筹业务，且组织架构简单；劣势则是功能单一，缺乏集中管理职能。

采用这一组织架构的企业的业务体量一般不大，其供应链管理职能分散在各个部门，主要是通过有效的税务筹划，提升企业的利润。具体的组织架构形态，如图8-1所示。

2. 以内部运营为导向

以内部运营为导向的供应链管理部门，其定位是实现集中化管理，实施集中采购、统一配送、统一支付及税筹，包括供应链金融。优势包括集中管控，提高效率，供应商无需对接所有项目；多元化的支付方式，税筹资金由独立的材料公司或物流公司控制；能依托独立的第三方公司进行供应链金融融资。劣势则是局限于内部业务，增长规模受制于内部业务的量级增长，成长空间有限。其组织架构形态如图8-2所示。

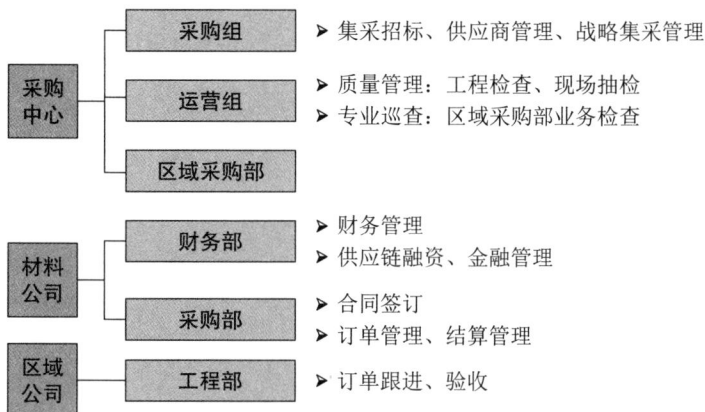

图 8-1 以财税规划为导向的组织架构

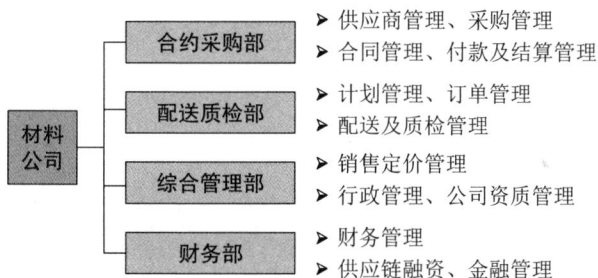

图 8-2 以内部运营为导向的组织架构

3. 以社会化运营为导向

以社会化运营为导向的供应链管理部门，其定位是互联网电商平台，实施平台赋能，市场化运作。其优势是能打破原有采购体系，通过外部业务实现规模增量；通过 B2B 互联网思维和数字化手段吸引资本市场，有可能独立 IPO（首次公开募股），实现分拆上市。劣势是组织体系更为复杂，涵盖采购、财务、市场、IT 等各要素，缺一不可；服务的客户群主要以中小企业为主，与供应商自身的业务体系存在一定冲突。其组织架构如图 8-3 所示。

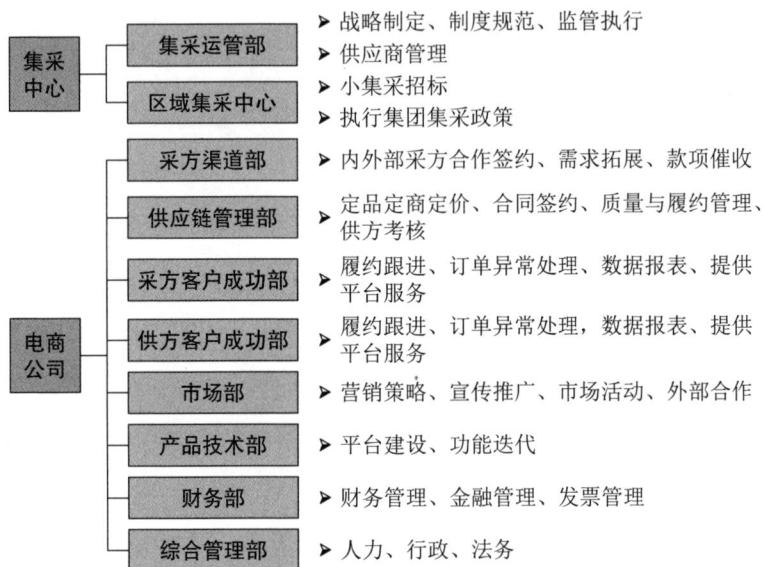

图 8-3　社会化运营组织架构图

))) 第二节　供应链社会化的组织运营力建设

当前，众多企业积极响应国家政策，着力加强供应链的互联互通，推动商品要素资源在更大范围内自由畅通流动，纷纷推出社会化的供应链管理平台，也就是供应链电商平台。这类平台完全按照企业化职能进行配置，不仅具备供应链管理中心的职能，还承担着双边客户开拓、品牌市场推广等重要职能。

一、平台运营的四大关键要素

建设平台容易，但运营难。基于为企业提供咨询的实践经验，我们总结提炼了平台运营的四大关键要素，分别是定模式、定规则、定品类、定服务，如图 8-4 所示。

1 🔊	2 🔗	3 ¥	4 📊
定模式	**定规则**	**定品类**	**定服务**
自营模式	平台交易规则	自营品类	履约服务
撮合模式	采购商端规则	联营品类	金融服务
	供应商端规则	撮合品类	数据服务

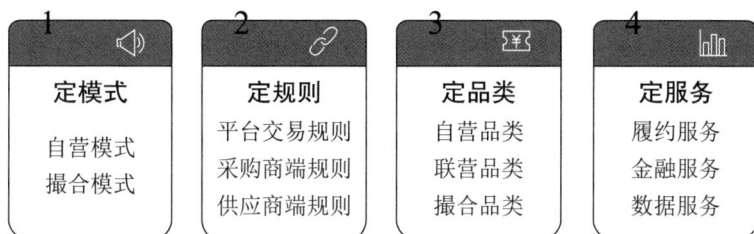

图 8-4 供应链电商交易平台的 4 大关键要素

1. 定模式

明确平台的业务发展模式是平台运营的首要任务。总体而言，ToB（面向企业的业务）业务模式主要分为自营平台模式与撮合模式。

①自营平台模式，简单理解就是通过买进卖出赚取差价的商业模式。其特点是业务相对较重，前期投入较多，但利润空间较大，不过风险也随之增加。对于需求方来说，物资品质更易于把控，服务也更有保障。对供应商而言，省去了四处寻找客户的成本，结算时也无须四处催账。但对平台方来说，要维持整个业务链条的正常运转，必须投入充足的资金。一旦资金不足，平台交易流量就会变得极小，难以实现进一步发展。

②撮合模式，即搭建一个供需双边交易的平台，通过收取双边服务费来盈利的商业模式。该模式相对较轻，投入较少，风险也较小，但盈利能力有限。对需求方而言，平台只是多提供了一条询价与采购的渠道，并非唯一选择。对供应商来说，平台是一个能够批量获取客户资源的途径。然而，对于平台方来说，促使双边在平台上达成交易，并确保交付履约的全过程顺利完成，难度极大。因此，平台的盈利创收较为困难，难以保障平台的可持续运营。

两种模式各有利弊，在制定平台模式时需要充分考虑品类的差异性，根据不同品类制定不同的运营策划及业务模式。

以 MRO 品类为例，其特点是小、散、杂，采购方如果脱离平台去自主采购，至少需要选择三家单位询比价，费时费力而且成本不一定有优势，履约的时效性还得不到保障，而通过平台采购就能很好地解决这些问题。对此类适合平台采购的品类，可以采取先款后货的自营模式。

对于一些专业度要求较高，且对上游大宗材料价格波动较为敏感的品类，如塑管、线缆等，平台方自营难度较大。通常可采取专业承包制的运营模式，即与一家专业型公司签订承包合作协议，平台方提供基础运营服务、资源与技术支持，由专业品类运营方投入资金与资源在平台上进行运营。这样一来，平台方不仅能获得保底收益，还能有效盘活整个供应链。

2. 定规则

平台规则是保障交易合规性、公平性以及多边权益的重要基础。平台规则大致可分为平台交易规则、采购商端规则与供应商端规则。在第四章中，我们已对平台规则的基本内容与流程进行了阐述，在此不再赘述。需要强调的是，规则是为平台服务的，应根据具体的业务模式制定专门的规则，以确保平台的正常运营。

3. 定品类

工程项目的物资采购品类繁多，面向社会化服务的供应链电商平台该经营哪些品类呢？品类选定的逻辑是能否交付并获得利润收益。因此，在品类选择上应该遵循企业自身的业务能力。

品类一般可分为自营品类、联营品类与撮合品类。自营品类由平台自购自销并提供服务；联营品类由专业的运营方承接运营；撮合品类则只需搭建平台，仅提供平台赋能服务。

从实践经验来看，多数企业最初优先经营的品类主要是集采品类，如土建类的方木镜面板、铝膜、钢材、钢管、塑管、线缆、防水卷材、密封胶、涂料等；精装类的瓷砖、地板、马桶、花洒、浴室柜、烟机、燃气灶、热水器等；安装类的阀门、水泵、风机、电梯、配电箱、壁挂炉、可视对讲等；园林类的景观砖、信报箱、园林家具、交通标识、户外灯具等。

4.定服务

电商平台通常会提供履约服务、金融服务与数据服务这三项服务。不同的业务模式，平台方提供的服务深度也有所不同。

履约服务：涵盖物流配送、质量抽检与巡检、退换货、付款与结算、票据等方面，确保商品能够按时、按质、按量交付到客户手中。

金融服务：包括账期、金融产品贴息、垫资额度等，为平台参与方提供资金支持和融资解决方案。

数据服务：涉及数据中台里的交易数据明细报表、数据驾驶舱、业务数据分析、业务建议等，通过对数据的分析和挖掘，为平台运营和决策提供有力支持。

二、运营成功的三个评价标尺

判断一个 ToB 的电商交易平台运营是否成功，有以下三大评价标尺，如图 8-5 所示。

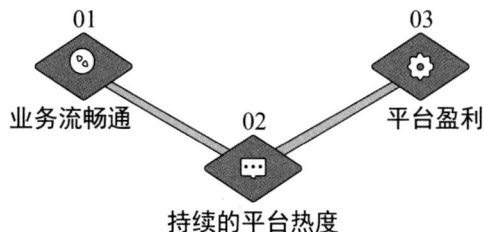

图 8-5 平台运营成功的三大标尺

1.业务流畅通

业务流畅通是社会化运营的基础条件。但是，很多在企业内部运转很流畅的电商平台，一旦开启社会化运营，便暴露出平台的技术架构、运营体系存在诸多问题。为什么会出现这种情况呢？

这是因为很多企业错误地认为内部适用的机制同样适用于其他企业。实际上，每个企业的供应链管理模式、决策机制、管理制度都存在差异，而且 To B 业务的决策流程本身就较为复杂，从采购到交付履约过程中受到多种因素的影响，这使得保证社会化运营业务流畅通的条件远比想象中苛刻。业务流主要包括信息流、物资流与资金流三个维度。若业务流不畅通，必然是这"三流"出现了问题。

信息流不畅通：一款材料从采购到交付落地，涉及众多信息的流转。任何一个环节的信息流受阻，业务都难以顺利开展。

物资流不畅通：同一品类在平台上可能有多个供应商，如何合理分配订单成为关键问题。这需要综合评估平台供应商的合作等级、库存、配送运距、结算方式等条件，算法相当复杂。一旦分配不公，供应商就可能流失，平台的供应链吸引力也会随之下降。

资金流不畅通：对于需求方，平台方是否给予账期或垫资，以及如何给予；与上游供应商的结算方式是什么，是否接受金融产品等，都是运营过程中实际面临的资金流问题。要解决这些问题，首先要明确企业平台自身的定位，了解目标客户和自身业务能力。只有在理顺"三流"的基础上，制定合理的平台规则，并以最小可行性产品（MVP）进行验证和不断优化，才有可能实现业务流畅通。否则，业务流必然无法正常运行。

2. 持续的平台热度

衡量 To B 平台热度的关键指标是交易额。一个没有实际交易额的平台，即便访问流量再高，也毫无实际意义。因此，保持平台热度的核心在于促进平台交易的达成。要实现这一目标，在日常运营中需做好以下两方面工作：

其一，做好平台页面管理。这主要包括两项关键任务，一是对供应商店铺里的商品管理、价格管理等，对于价格波动较大的品类，其价格需做到每日更新；二是及时更新网站首页，根据平台数据将热销款产品、高性价比产品展示在首页，以确保足够的曝光量。

其二，活动主要分为日常活动和"618 购物节""双 11 购物节"等特殊活动。对于日常活动，平台可与供应商协商，以爆款产品为主，通过限时下单享折扣优惠等促销方式，吸引用户缴纳少量订金提前锁定商品，从而提高交易转化率；对于"618 购物节""双 11 购物节"等大型活动，平台可联合多个品牌举办下单立减、满赠、抽奖、排行榜等促销活动，集中释放客户未来几个月内的采购需求。通过平台页面管理和活动策划，让用户感受到网站的新鲜感和活跃度，促进用户转化，防止用户流失。

3. 平台盈利

目前，许多平台尚未实现盈利，一旦失去资本投入，便只能面临倒闭的命运。那么，平台如何快速实现盈利呢？盈利的基础在于平台为各参与方创造价值的能力。平台参与方包括采购商、供应商、金融机构、物流公司等。

面向采购商，平台可提供供应链管理 SaaS（软件即服务）服务、履约交易服务、供应链金融服务、数据报表服务、专项采购服务（询比价、招募对接、采购谈价等）。

面向供应商，平台可提供营销 SaaS 服务、交易佣金服务、供应链金融服务、数据报表服务、营销推广服务（考察、对接、推广）。

面向金融机构或物流公司，平台可提供数据算法服务、营销推广服务等。

三、构建平台的相对价格优势

外部采购客户对价格极为敏感，因此构建平台的相对价格优势至关重要。

1. 不同账期的对比

不同账期会导致最终的采购成交价截然不同。以采购方木镜面板为例进行对比分析，如表 8-3 所示。

表 8-3　平台集采与客户自主采购的价格对比

综合成本对比检视			
分类	集采订单	自主采购订单	
订单号	2306081852397804	2305311438421773	
采购单位	某二级单位 A	某二级单位 B	
选择品类	方木镜面板	方木镜面板	
品牌	X 品牌	Y 品牌	
材质规格	镜面板（××××××）	镜面板（××××××）	
市场价	61.5	60	
供货价	49	49	
账期天数	二个月	六个月	粗放管理利润已经被稀释
买家成交价	50.49	57	
垫资年化利率	18.5%	年化 33.1%（已接近高利贷）	
综合成本对比	当 Y 品牌给予垫资周期达到 322 天，即与平台集采订单两月账期成本一致。		

平台给予客户的供货价与供应商给予客户自主采购的供货价均为 49 元，但账期天数不同。平台因资金压力，只能给予客户 2 个月账期，最终成交价为 50.49 元；而供应商为拿下采购客户，直接给予 6 个月账期，成交价格为 57 元。按照年化利率公式：

年化利率 =(利息 ÷ 本金)÷ 投资时间 ×365×100%

折算账期成本，平台 2 个月的账期成本年化利率约为 18.5%，已处于较高水平。但供应商 6 个月的年化利率则高达 33.1%，近乎于高利贷。显然，平台的综合成本更具优势。如此高的综合采购成本，会严重侵蚀企业利润。采购企业完全可以通过前文所述的第三方金融，获取成本更低的资金完成采购。

2. 不同销售组合方式的对比

不同组合的销售解决方案，最终的采购成交价也会有很大差异。采购同样规格的方木镜面板，账期天数均为 6 个月，三种不同销售组合方式的实际成交价与资金成本，如表 8-4 所示。经对比可知，"平台自营模式＋金融产品"的性价比最高，综合成本最低。

表 8-4　不同销售组合方式的价格对比

综合成本对比检视			
分类	平台自营＋金融产品	平台自营＋供应商垫资	二级单位纯撮合
选择品类	方木镜面板为例		
材质规格	镜面板（××××××）		
真实订单测算	\	2306081852397804	2305311438421773
供货价	49	49	49
账期天数	6 个月	6 个月	6 个月
垫资年化利率	7%~8%	18.5%	33.1%
买家成交价	50.96	53.53	57
综合成本对比	根据测算，云商自营＋金融产品模式性价比最高，综合成本最低 垫资利息＝垫资本金×垫资利率×垫资天数÷365		

3. 不同付款方式的对比

在实际交易过程中，付款方式多种多样，可以由账期、供应链金融产品、贴息、税费等方式组合支付。不同的付款方式，最终的采购成交价也会有较大不同。以购买 100 万元建材产品为例，三种不同付款方案的成本，如表 8-5 所示。在三个方案对比中，方案 A 的收益最高，采购商支付的成本也最低。

表 8-5　三种不同付款方式的成本测算对比

分类	账期	账期年化	支付方式	贴现手续费	贴息补贴	采购商实际支付	缴纳增值税	立即贴现收益	持票 6 个月后贴现收益	备注
A 方案	半年	6%	现金支付	\	\	103 万	11.5 万	103 万	\	垫资 6 个月的收益为 103 万
B 方案	\	\	半年期商票	8%	4%	104 万	12 万	95.68 万	99.84 万	持票 6 个月再贴现，供应商收益比方案 A 少：103−99.84=3.16 万
C 方案	半年	6%	半年期商票	8%	4%	107.12 万	12.3 万	98.55 万	102.84 万	垫资 6 个月立即贴现，供应商收益 ①比方案 A 少：103−98.55=4.45 万 ②比方案 B 持票 6 个月少：99.84−98.55=1.29 万

备注：
①按照采购商购买 100 万建材进行测算
②增值税计算公式：增值税＝含税销售额／（1+13%）×13%

综上，平台运营人员可以根据不同客户的特征、资质，设定不同的付款解决方案，既让资金流运转起来，又实现双边交易的保供，让供应链畅通起来。

))) 第三节　供应链管理组织力的保障机制

古语云，"行军打仗，粮草先行"。供应链管理部门作为企业经营战略落地的后勤保障部门，其重要性不言而喻。因此，加强供应链管理部门建设，打造强大的组织力，是企业发展进程中必须重视的关键课题。

一、建立供应链全局性人才观

从上游物资采购，到中间生产建造，再到下游物流配送，整个供应链链条涉及众多参与方，需要管控的关键环节繁多。这就要求企业树立全局性人才观，构建多元化的人才队伍。

1. 体系建设

职责是搭建和优化供应链管理体系，确保供应链流程高效、顺畅运行。具体工作涵盖制定供应链策略、流程和标准，并持续改进和优化。对应的岗位有供应链战略规划师、流程设计/优化专员、供应链体系主管、供应链项目经理等。

2. 物资管理

职责是承担物资的采购、仓储、运输和配送等管理工作，需要对市场动态具备高度敏感度，同时能有效把控库存管理和物流成本。对应的岗位包括物资经理、采购经理、仓库管理员、物流经理等。

3. 资金管理

主要职责是管理供应链中的资金流动，包括与供应商、客户之间的资金结算，以及供应链金融等业务，要求具备财务管理和风险控制能力。对应的岗位有资金管理经理、资金分析师、投融资专员、风险管理专员等。

4. 数据分析

职责是通过数据分析优化供应链决策，提升运营效率并降低风险，需要具备数据处理、分析和可视化能力，以及对供应链业务的深入理解。对应的岗位有数据管理员、数据分析师、数据治理专员等。

5. 运营管理

职责是负责供应链的日常运营工作，包括订单处理、生产计划、物流协调等，需要具备出色的执行力和协调能力，以保障供应链的高效运转。对应的岗位有运营经理、计划专员、订单处理专员、供应链协调员、流程优化专员等。

二、三大人才体系保障战略落地

通过三大人才体系，打造成长型组织，保障企业战略落地，如图 8-6 所示。

赋能体系
组织拉开，明确分工，持续赋能

风控体系
分层分级授权，合理控制风险

考核体系
业务定期考核，保障过程合规合理性

图 8-6　三大人才体系保障战略落地

1. 赋能体系

合理调整组织架构，明确各岗位分工，持续为员工赋能。打造赋能体系可从专业培训、岗位轮岗、交流分享会三个层面展开，全面提升员工的专业技能和综合素质。

2. 考核体系

对业务进行定期考核，确保业务过程的合理性和合规性。针对每个业务环节设定考核指标，如计划合理性、招标时效性、过程合规性、供方履约评估、竞品对标等，按照月度、季度、年度进行考评，不断提升组织的战斗力。

3. 风控体系

实行分层分级授权，合理控制风险。确保信息公开透明，线上业务全过程可追溯，落实差异化授权，抓住核心矛盾，有效防范风险。

此外，企业还可设置灵活的成长机制，促进员工成长。例如，定期召开学习成长分享会，组织编写企业实战案例进行知识沉淀，开设员工大讲堂让优秀员工分享成功经验，以及走出去向行业标杆企业学习交流等。

三、加强跨部门沟通协作

跨部门协作和有效沟通是保障整个供应链顺畅、高效运作的关键要素。通过良好的沟通与协作，能够提升工作效率，减少资源浪费，避免信息不对称，进而提高整体运营效果。强化企业跨部门沟通与协作，可从以下几个方面着手。

1. 明确共同目标和愿景

确保所有相关部门深入了解供应链的整体目标、战略和愿景，设定共同的绩效指标，使各部门明确自身责任和贡献，形成目标一致的工作合力。

2. 建立跨部门沟通机制

定期组织跨部门会议，共同探讨供应链的关键问题、挑战和机遇；运用项目管理工具或企业沟通平台，实现信息在各部门之间的实时共享；鼓励员工在日常工作中积极沟通，及时解决问题。

3. 加强团队协作培训

为供应链管理部门和相关部门提供团队协作培训，提升跨部门协作能力；强调团队精神和共同目标，培养员工的协作意识和责任感，营造良好的团队合作氛围。

4. 制定清晰的职责和权限

明确供应链管理部门和相关部门的职责与权限，避免工作重叠和冲突；建立责任追究机制，确保各部门对自身工作负责，提高工作的准确性和效率。

5. 鼓励跨部门支持和互助

在工作中，倡导各部门之间相互支持、相互帮助，共同解决问题；设立跨部门协作奖励机制，对在协作中表现突出的团队和个人进行表彰，激发员工的协作积极性。

6. 使用统一的信息平台

采用统一的供应链信息平台，整合供应链各环节的数据和信息；通过信息平台，实现供应链信息的实时共享和查询，为决策提供及时、准确的数据支持，提高决策效率。

7. 及时反馈和解决问题

建立问题反馈机制，确保供应链中的问题能够及时被发现并得到解决；鼓励员工积极提出问题和建议，共同推动供应链管理工作的改进和优化。

8. 培养信任和理解

在工作中积极沟通、相互理解，建立信任关系；尊重各部门的专业知识和经验，充分发挥各部门的优势，共同为供应链的成功运作贡献力量。

9. 持续优化协作流程

定期对跨部门协作流程进行审查和优化，提高协作效率；积极引入新的协作技术和工具，提升协作的便捷性和效率，适应不断变化的业务需求。

10. 强调跨部门合作的重要性

在企业文化中大力强调跨部门合作的重要性，使其成为员工的自觉行为；通过领导层的示范和推动，形成积极的跨部门合作氛围，促进企业整体发展。

第九章 品实操：解析专业品类供应链实操力

供应链管理的核心已不再局限于单纯的资源整合，确保履约交付精准落地、充分满足需求端的期望才是关键所在。企业推行"一品一策"，针对每个品类制定专属的供应策略，这不仅实现了资源的高效配置，更体现出对服务细节的深度雕琢，力求供应链的每一步都能精准契合预期。本章将深入剖析供应链中的关键品类与重要节点，并结合实际案例，展示如何通过精准实施策略，提升供应链的整体效能与客户满意度。

))) 第一节 模式优化，让隐蔽工程材料高效保供

在建筑工程中，有许多隐蔽工程材料，如管材和管件，尽管其成本占比并非很高，但却至关重要。这类材料在土建、安装、装修等多个环节广泛应用，对供应链的及时性与质量有着极高要求。本小节以管材管件品类为例，深入探究隐蔽工程材料的供应链管理策略。

一、管材供应链管理的复杂性与挑战

管材的供应链管理难度之所以较大，主要因为其特有的复杂性和动态性。具体表现为如下四点，如图 9-1 所示。

图 9-1 管材管件供应链的四大特点

1. 类别多而杂

种类繁多：管材涵盖金属、塑料等多种材质，以及高压、低压、热水、冷水等不同类型，每种管材都有其独特的特性和应用场景。

规格多样：即使是同一类型的管材，也会因直径、壁厚、连接方式的不同，衍生出众多规格。

品牌众多：市场上管材品牌琳琅满目，不同品牌在产品质量、价格、服务等方面存在显著差异。

2. 服务要求高

及时性要求高：建筑项目对管材的需求常常十分紧急，这就要求供应商能够在短时间内提供所需管材，以保障项目顺利推进。

技术支持需求：在管材的安装和使用过程中，往往需要供应商提供技术支持，包括安装指导、维修服务等。

3. 价格波动大

原材料价格波动：管材的原材料，如钢铁、塑料等，其价格容易受到市场供需、国际形势等因素的影响，进而导致管材价格波动较大。

市场竞争激烈：管材市场竞争激烈，供应商之间常通过价格战争夺市场份额，这进一步加剧了管材价格的波动。

4. 质量难鉴别

材料性质的多样性：管材的材料丰富多样，如金属、塑料等，每种材料都有特定的质量标准和性能要求。

质量标准的复杂性：管材质量体现在抗压强度、耐腐蚀性、密封性、使用寿命等多个方面。这些指标不仅与材料本身有关，还和生产工艺、检测手段等因素相关。因此，准确评估管材质量需要专业知识和技术。

检测方法尚不完善：目前虽有外观鉴定、化学分析、物理性能测试、无损检测技术等多种管材检测方法，但每种方法都存在局限性和适用范围。在实际应用中，需要综合运用多种方法评估管材质量，这增加了鉴别难度和成本。

人为因素的影响：在管材质量鉴别过程中，人为因素也可能产生干扰。例如，检测人员的技能水平、工作态度等都会影响检测结果的准确性。此外，一些不法商家会通过伪造质量证明文件等手段欺骗消费者，这也加大了质量鉴别的难度。

二、精准筛选：适配供应商的策略与标准

管材在强电、弱电、给水、污水、雨水、燃气、电力等大部分施工场景中广泛使用，且用量较大，具备集采的基础条件。由于管材的原材料成本占生产成本的60%～80%，部分企业为降低采购成本，不惜牺牲管材质量，采用过渡料、次品料等劣质原料，甚至在管壁厚度上偷工减料，导致产品质量无法保证。梳理统一标准后，通过集中采购，不仅能在很大程度上解决产品质量参差不齐的问题，还能以量换价，降低采购成本。

实施管材集采的难点在于产品选型，即适配性。在寻找供应商时，应

遵循产品适配与能力适配两大原则。第四章已介绍产品适配方法，此处重点阐述供应商的适配能力。能力适配主要体现在供应商的保供及时性、产品质量稳定性、资金流畅通性等方面。

那么，如何判断一家管道企业的能力是否适配呢？根据多年实践经验，企业除审核供应商的基础信息、生产资质、环保及质量检测证书等资料外，在考察供应商时还需从细节入手，考察其精益生产能力、企业管理水平、企业综合实力等，如图9-2所示。

图 9-2　考察甄别供应商的三个维度

另外，还需要通过"三看"验证其真伪。

1. 看展厅

展厅是企业品牌展示的重要窗口。通过展厅，我们可以系统地了解企业的业务范围、优势产品、产品样板、合作案例等关键信息，这些信息能够直观呈现管材企业的品牌形象与综合实力。有些企业会准备宣传册，展示主打产品、签约合同盖章页、企业资质文件等。对于大金额采购品类，为防止供应商作弊，考察人员可临时要求供应商调取合作合同档案进行查验。

2. 看生产车间

考察生产车间主要关注生产线、原材料仓库、成品仓库等关键场所。例如，走进河北石家庄的星泉管业生产车间，映入眼帘的是自动化生产设备、干净整洁的车间地面、员工统一着装、8S 精益生产管理标准、产线产品介绍广告牌以及各类样品，这些细节都彰显了其生产管理的精细化程度。考察原材料仓库，一是检查产品原料供应商的来源，二是查验企业的原材料备货情况。若原材料储备不足，将直接影响后续的供应保障。星泉管业与中国石油、中国石化、韩国大林、韩国 LG 化学等源头工厂合作，且原材料包装袋生产日期均为最近一个月，这也从侧面反映出其原材料周转速度快。考察成品仓库则是为了核验企业合作的客户，成品包装上一般标注有产品规格型号、生产日期、发往地等信息。通过堆放的成品及物流车辆，便能大致判断企业生产产品的畅销度及其产能保障水平。

3. 看研发实验室

实验室主要有研发新产品和产品质量抽检两大作用。星泉管业在生产过程中实行三重质检，即操作工一检、质检员二检、实验室三检。然而，很多企业为节省成本，往往只有两检，甚至一检，根本没有实验室三检。

三、构建高效供应链：保供创新与实践

许多企业实施集采时，往往只重视前端的采购环节，而忽视后端保供的落地性问题，导致选定的供应商无法有效交付。以管材为例，其从原材料采购、车间生产、物流供应到安装交付，供应链主要有三条路径，如图 9-3 所示。

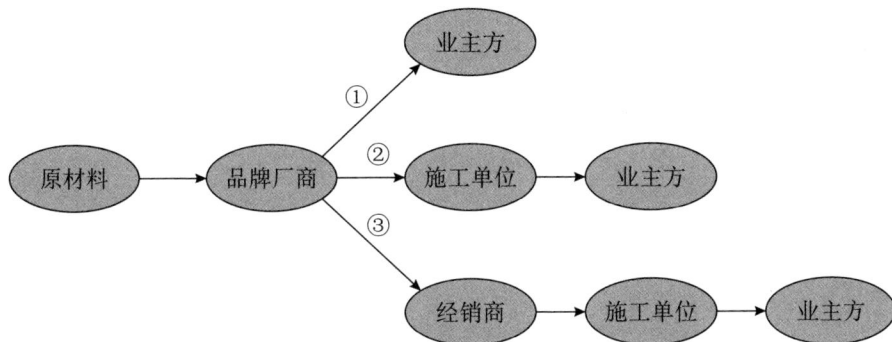

图 9-3 管道供应链的三条路径

路径 1：甲供材

由业主方制订采购计划并直接采购，品牌厂家与业主方直接结算。这是诸多品牌厂家青睐的合作模式，因为参与的中间环节少，能保证供应链各参与方的利润。但其弊端在于，一旦资金流受阻，供应链的保供也会受到影响。

路径 2：甲指乙购

由施工单位制订采购计划并实施采购，业主方仅指定入围品牌，品牌厂家与施工单位结算。此路径增加了施工单位，一定程度上减轻了保供压力，但同样会受到资金流的制约。

路径 3："甲指乙购"升级版

依然由施工单位制订采购计划并实施采购，但供应方由品牌厂家变为品牌厂家的经销商，厂家不直接与采购需求方签订供应合同，而是由经销商与施工单位签订供应合同并进行结算。该路径依托品牌厂家整合的经销商资源，由品牌厂家让利，经销商提供账期，一方面解决了整个链条中的资金流问题；另一方面利用经销商本地化仓储配送优势，有效解决了项目对管材需求频次高、每批次采购量小、需求计划多变的服务难题。

比如，星泉管业的业务主要扎根在河北省，它拥有像毛细血管一样的经销商体系，首选的履约交付路径就是路径 3，如图 9-4 所示。

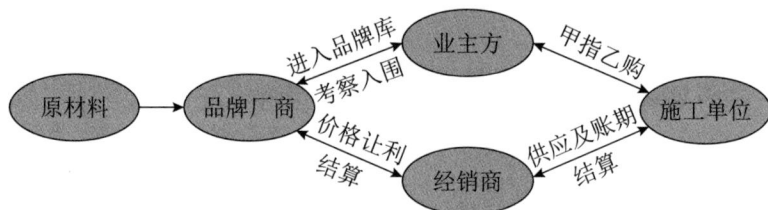

图 9-4　星泉管业履约交付路径

在当今建筑行业快速发展的背景下，隐蔽工程材料，尤其是管材管件，其供应链管理的重要性日益凸显。通过对星泉管业等企业的案例分析，我们可以看到，供应链管理不仅仅关乎物流和成本控制，更是产品质量、服务水平和企业信誉的综合体现。

))) 第二节　品牌≠品质：超越品牌的价值挖掘

建筑涂料作为一种化工半成品，与其他建筑材料有所不同，它广泛应用于建筑外立面。建筑外立面的美观程度直接决定了建筑的品质感，然而在涂料上墙之前，其品质难以判断，这给供应链管理带来了极大的不确定性。本节将通过案例分析，深入剖析建筑涂料选型中的难点及其解决方法。

一、涂料供应链难点及原因分析

建筑涂料用量大，在降本增效、保障品质和确保供应链稳定等多重因素的交织影响下，该类的供应链管理难度较大，主要存在以下三个难点。

难点 1：质量难监管

真石漆是常用的建筑外墙涂料，具有类似天然石材般晶莹剔透的质感，保光保色性良好。但当采购过程盲目追求最低价中标时，许多不良供应商为降低成本，便会在原材料上做手脚。他们会使用最差的苯丙乳液，含量甚至不足 10%，不再使用纯彩砂，而是通过添加粉料来提高遮盖力。如此生产出来的产品，漆膜浑浊不清，用不了多久就会发暗发黄、脱粉掉砂。

为避免生产厂家偷工减料，一些业主方会加强对供应链生产端和供应端的监管，采用"天眼、天网、产品抽检、送检"等方式进行质量管控。然而，涂料产品的生产具有特殊性，即便到工厂车间监督生产，也很难弄清楚每个管道里流淌的原材料究竟是什么，查证难度极大。

此外，涂料上墙后，业主方除了查看包装桶的品牌标识外，很难知晓真正使用的是哪个品牌的产品，即便涂料厂家的人员也未必能鉴别出是否为自家产品。

因此，当厂家为赢得订单突破成本底线时，可能会采用多种偷工减料的手段，防不胜防。产品质量的好坏在很大程度上取决于厂家的心态和产品定位。

难点 2：参与方之间集采合作机制不健全

业主方进行涂料集采时，通常要求涂料品牌厂家不仅要报涂料价格，还要将施工价格、措施费等一并报出。但每个项目的具体施工情况不同，在不了解外立面复杂程度、涂料品种、工期等情况下，厂家报出的措施费往往不准确。这就导致业主方最终获得的集采价难以保证项目正常落地和施工质量，后期容易产生大量扯皮现象。

对于品牌厂家而言，负责集采投标的销售人员知晓公司价格底线，为拿到订单，会采用"将合同总价拆解为涂料出厂合理利润＋施工亏损方式"以获得企业高层领导审批通过，却不考虑后续施工方能否落地。这种干活的不报价、报价的不干活的情况，导致销售、生产供应与交付之间脱节。

对施工企业来说，集采提前锁定了产品品牌、价格、料耗，常常因费用超支而亏损。因为施工料耗并非取决于集采合同约定条款，而是与项目所在地施工现场条件、施工管理、业主方质量管理标准密切相关。

例如，某业主方与涂料品牌厂家在集采中约定腻子料耗2.2公斤/平方米，但实际施工时，业主方依据强光照下的观感平整度作为验收标准，施工企业为满足要求不得不多做一遍腻子，实际料耗达3.5公斤/平方米，料耗和人工严重超出预期，而施工企业只能按集采料耗核算成本，从而产生大量亏损。

这些问题的根源在于集采合作机制设定不合理，导致供应链末端交付无法落实。

难点3：拔高单一指标反而给自己挖坑

由于半成品材料质量管控难度大，部分企业会在招标文件中提高产品的某些性能指标，以实现品质管控。例如，将涂料耐老化的重要指标无开裂起皮从国标的500小时提升至1000小时。

实际上，招标标准中的限定指标，厂家提供的检测报告99%都是委托送检，其中存在很大操作空间。即便送检材料的配方与指标完全合格，也不能保证未来实际使用的产品采用相同配方。

另外，检测费用与检测内容科目、检测数值直接相关。检测内容科目越多、数值越大，检测费用越高，出具报告的时间也越长。品牌厂家会将增加的成本转嫁给业主方，导致采购价格上升。

为确保材料指标合格，企业在材料进场时会进行抽检，但抽检涉及众多端口人员，要做到安全把关，需耗费大量人力与财力。因此，需辩证看待单一指标拔高的可行性。过于严苛的指标要求，往往会给供应链的可落地性带来问题。解决品质问题的关键在于选择与项目定位匹配的供应商，以及供应链管理人员具备丰富的品类专业知识。

二、光看品牌知名度远远不够

俗话说"买的没有卖的精"。在选择产品时，仅关注厂家的品牌知名度远远不够，无法准确识别产品质量的好坏。Z企的供应链中心总经理曾公开表示，希望供应商企业的品牌与品质对等。

也有人认为，只要价格给到位，品质就一定能保证，这是错误的认知。就像同样一条鱼，在米其林餐厅、五星级酒店、购物中心精品餐饮店、街边大排档的做法和菜品的"色、香、味"截然不同。

那么，如何快速找到品牌与品质相匹配的供应商资源呢？涂料行业专业顾问宇画实业董事长阎明珍表示，对于不了解行业的人来说，涂料厂就像一个搅拌罐；对于没有追求的生产厂家来说，涂料行业似乎没有技术门槛。但实际上，走高端路线与走大众路线的供应商在产品配置、市场营销等方面存在明显差异。真正优秀的涂料品牌必须具备"技术高度＋良心定位＋优秀的落地服务商体系"，如图9-5所示。

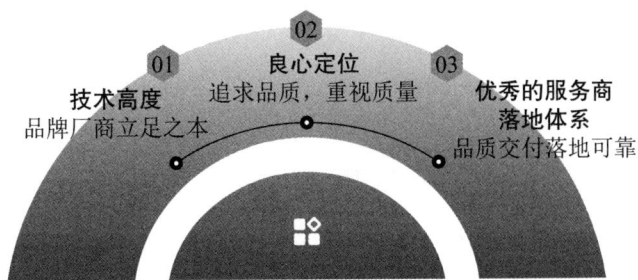

图9-5 涂料品牌厂家三要素

1. 技术高度

例如，石灰石涂料因其特殊的花纹肌理和较强的视觉装饰效果，深受业主方青睐，但对施工单位工人技术要求高，难以达到预期效果。宇画通过多次技术创新，成功推出了傻瓜式的石灰石涂料配方工艺产品。又如，若在基面砂浆未完全干燥时就涂刷涂料，后期易出现泛碱、脱落等隐患。宇画的一款封闭底漆，通过技术优化，可最大限度降低快涂工艺的质量隐患。

2. 良心定位

判断一家生产厂家的良心定位，可查看其原材料进货单。宇画选用的硅丙乳液，进货价是苯丙乳液的两倍之多，其在浙江省区域的进货量连续多年保持第一名，由此可见宇画坚守品质的初心。

3. 优秀的落地服务商体系

优秀落地服务商需要以厂家为主导，经过长期培养和打磨，使工厂和所有服务商形成一致的认识，才能打造出让客户放心的产品品牌。

三、有品质又高明的省钱方案

"最低价中标"出现的原因之一，是很多供应商没有能力提供"更高明的省成本方案"。

以高端项目中的"豪宅"项目为例，其集中了一切优质材料元素，致力于打造成顶级产品。其外立面选用玻璃幕墙、干挂石材、陶板等，均为顶级选配。

然而，若外立面选用石材，不仅造价高昂，还面临优质石矿紧缺、供应不稳以及安全等问题。而用高仿石漆替代石材若能达到理想效果，总成本会低很多。但现实中，很多项目选用的仿石漆产品无法展现出"豪宅"的感觉。

阎明珍认为，"豪"是一个形容词，也是一个定位词，与"贵"字紧密相连。所以，当定位为"豪宅"时，选择不能怕贵。要保持"豪"的初衷，需将替代品尽可能做到纯正与豪气。"贵"不仅指价格，更重要的是血统纯正、高贵。高贵的血统需要强大的技术和品牌定位意识作为支撑。

很多涂料生产厂家都能生产仿石漆，但厂家的市场定位和产品定位决定了"贵"字的血统是否纯正。宇画在仿石漆领域不断深耕，不仅在产品配方研发方面下功夫，还在现场施工应用方面持续探索和实践，从系统上打造出仿干挂石材的"豪"和"贵"。目前，宇画高仿石漆仿干挂系统已在路劲地产、绿城集团、得力地产等高端项目上完美替代了石材。

四、专业是品质管控的破解之道

供应链管理是一个系统工程，只有供应链管理人员自身变得专业，才能真正选对厂家和产品。专业度不仅能帮助企业淘汰劣质厂家，还能帮助企业算出合理的成本价。

材料用量决定采购量，涂料的关键指标之一是涂布量。若供应链管理人员了解涂布量，就能快速识别哪些厂家虚报用量以骗取中标机会。每个厂家的产品说明书或网站上都会标注标准涂布率，与实际用量偏差10%属于可接受范围，若偏差20%以上，甚至50%，则涉及诚信问题。

外墙涂料的大部分质量问题源于施工过程中的偷工减料。在投标过程中，合理设置涂布率和涂层厚度至关重要，可防止供应商钻空子。有人提出两点建议：一是事先确定合理的涂层及涂布率标准，限定涂层和涂布率，供应商只填报公斤单价；二是让供应商自报涂层和涂布率，再认真核查，对不合理填报的供应商，直接取消其资格。

常规涂料产品，即便每个厂家配方有差异，也不会太大，存在合理的波动范围。

（一）涂层

多彩仿石漆的常规涂层为：腻子＋透明底漆＋有色中涂＋多彩主材＋透明面漆。有的厂家声称配方好，将透明底漆和有色中涂二合一，虽能节省成本和工期，但懂涂料配方的人都知道，这种做法风险很大。底中合一的配方难度大，对施工环境要求高，腻子质量要好，保养时间也要足够长。

（二）涂布率

为保证质量效果，真石漆合理的涂布量应为 3 ～ 3.5 公斤。有的厂家承诺 2.5 ～ 2.7 公斤也能实施，看似技术高明，实则可能是偷工减料；还有的厂家表示真石漆必须要 4 公斤才行，这可能是因为配方质量差，乳液含量少，砂级配不合理，喷涂时落砂严重。

除涂布量这一关键指标外，还有其他快速鉴别的小妙招。掌握这些方法，供应链管理人员便能快速识别供应商质量的优劣。以下简要介绍几种常见的判断真石漆产品质量好坏的简易有效方法。

1. 如何鉴别乳液的含量与质量

考察时，很多供应商只会提及使用的乳液品牌，但这对后期生产环节监控并无实际作用。最简单的判断方法是，用手指抓起一点真石漆揉捏，感受黏度，待手指残留液体自然干燥后，查看手指上残留的成膜物。若成膜物厚实，表明乳液含量较多（少量水性涂料短时间接触皮肤无影响）。需注意，不能仅依据材料黏稠度判断，因为可通过增稠剂使材料瞬间变稠。

2. 如何鉴别粗细砂技术配方的合理性

粗细砂的配比即砂级配。判断方法是，取少量成品材料堆积在平面上，让其自然干燥。砂级配不合理的材料，表面相对毛糙，空隙较多，这是造成真石漆污染的主要根源之一。

3. 如何判断真石漆里面是否添加了色浆

将真石漆投入透明容器，注入清水，真石漆和清水比例为1∶4，搅拌后静置5分钟观察。正常情况下，上面的液体应为乳白或透明，若添加了色浆，上面的液体就会有不同颜色，颜色越深的真石漆，判断效果越明显。

总之，如果供应链管理人员能掌握一些鉴别产品的适用方法，真正了解行业内各厂家的产品特点，会让选择的产品和项目更匹配，大大减少后顾之忧。

))) 第三节 别再产能错配，从价值链中挖掘利润

供应链管理并非仅仅局限于采购环节的成本降低，而是需要从端到端的全价值链视角出发，探寻能够挖掘利润增长的空间。本节以橱柜品类为切入点，深入阐述从价值链中挖掘利润的关键方法。

一、产能错配根源：需求计划不清晰

满足需求是供应链管理的根本出发点，而清晰的计划则是达成这一目标的关键。许多集采供应商会依据业主方下一年的需求计划，在年初提前锁定全年的生产产能，目的是能够迅速响应战略集采客户的需求。然而，工程项目会受到宏观政策、经济形势、资金流等多种因素的综合影响，工程开发建设计划常常会被打乱，进而导致需求计划不准确。但生产厂家依然按照年初既定计划进行排产。

这种状况往往会导致业主方急需物资的采购订单，工厂却无法安排排

产，最终丢失订单；而对于暂时不需要货物的订单，工厂还在全力生产，造成库存积压，形成存货资产。这就是供应端的产能错配，导致供应链失调。

所以，生产厂家若要提升业绩，就必须促进供货；而促进供货的前提是优化排产。没有合理的产能排布，就无法及时供货；无法及时供货，就无法产生供货订单，更难以实现业绩增长。

二、产销计划滚动刷新，锁定需求节点

破解产品错配风险的核心要点在于梳理企业的项目台账，实现供货销售预测前置。当计划被打乱时，营销网络较为健全的供应商企业会安排一线落地团队或具体项目落地代理商对合作项目进行盘点，建立每周项目情报反馈机制，动态刷新供货计划，如图9-6所示。

项目节点	合作状态	项目进展
已竣备项目	已签待供	停工/待复工
即将竣备项目	跟进待签	正常施工中
待竣备项目	未到节点	

图9-6　项目跟进状态动态刷新

不同品类的供货节点各不相同，供应商一线集采项目落地人员需要了解项目进度节点。橱柜作为一种定制品，即便厂家采用柔性生产，合理的生产工期也不可或缺，因此掌握实时的采购计划尤为重要。

橱柜工厂为避免产能错配，会对所有项目状态进行动态刷新，实时掌握每一个项目的竣备时间节点情况；同时了解项目供货合作状态，包括已签待供、跟进待签、未到节点等；最后梳理项目进展是否处于停工/待复

工、正常施工的状态。基于这些信息，便能预测出真实的采购计划，为订单排产提前做好准备。

三、数字供应链赋能上游供应商

前文已分析出造成产能错配的原因是需求计划未能及时同步，部分橱柜供应商通过建立项目情报反馈机制，主动获取需求节点，进而预测采购计划，虽然这种做法较为主动，但需要投入大量的人力、物力进行跟进搜集，可落地性并不强。

当企业打造了数字供应链平台，就能实现业务在线、管理在线、各参与方在线。无论是材料供应链公司的企业内部项目需求协同，还是材料供应链公司与供应商之间的订单协同，都能实现实时的信息流同步，如图 9-7 所示。

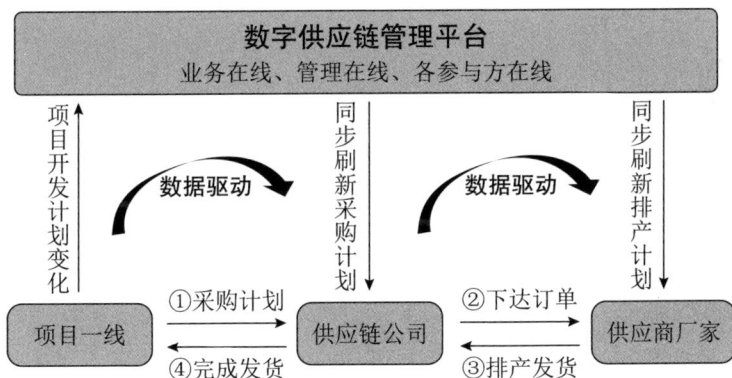

图 9-7　数字供应链平台实现信息流同步

对于上游供应商而言，数字供应链平台具有以下优势：

实时信息共享：供应商可通过数字供应链平台实时获取项目进展、采购需求等信息，确保信息的准确性和及时性，避免因信息滞后导致的生产决策失误。

协同管理：该平台支持供应商与采购方、项目方等多方之间的协同管理，有效提高沟通效率和协作效果，减少因沟通不畅产生的成本浪费。

预测分析：基于大数据和 AI 技术，数字供应链平台能够对市场需求进行预测分析，帮助供应商制定更加合理的产能排布和供货计划，提升生产效率和资源利用率。

供应链公司通过精准掌握项目一线的开发计划，能够精细管理订单，从而灵活调配资源，优化供应链成本。

橱柜销售市场存在明显的淡旺季差异，这直接影响了产能的饱和度。同时，原材料采购成本在不同时间节点波动较大，而原材料采购成本通常占据橱柜总成本的 50% ～ 70%。

为应对这些挑战，供应链公司可利用数字供应链平台，为供应商提供产能优化方案。通过平台，供应链公司能够助力供应商实现从波峰波谷的生产状态向相对平稳的生产模式转变。这种转变不仅确保了产能的充分利用，也实现了人力、物力资源的均衡投入，有助于橱柜生产企业更好地应对市场周期波动。

在具体操作上，供应链公司可以采取以下策略：在橱柜销售淡季时，通过精准下达采购订单，确保橱柜厂家保持稳定的生产产能；当原材料价格处于低位时，则通过调配采购计划，鼓励供应商提前储备原材料，以较低的成本满足后续生产需求。

因此，链主企业依托数字供应链平台，实现了信息流的畅通，确保多参与方的协同。数字供应链平台成为赋能上游供应商调节生产节奏、降低成本的强大引擎。它帮助生产厂家摆脱产能错配的困境，实现产销匹配，并通过精细化的生产节奏调整进一步降低成本，提升市场竞争力，达到了赋能上游供应商的目的，无形之中在价值链中帮助上游供应商挖掘出利润增长空间。

后　记

当这本书最终定稿时，我的内心满是感慨与喜悦。它不仅凝聚着我在供应链领域多年学习与工作的成果，更是与众多业界同仁、专家学者、企业领袖以及编辑团队共同努力、深入交流的结晶。在此，我要向所有在本书创作过程中对我提供帮助的朋友表达我最诚挚的感谢。

首先，我要衷心感谢代选顺、张欣、宋敏、常旭、谢雨强、曾传龙、张操、阎明珍、高二东等人，以及参与本书前期研讨、调研交流的企业。在与你们的交流中，我深切感受到供应链管理的复杂性与挑战性，也更加坚定了深入研究这个领域的决心。你们分享的宝贵经验和独到见解，让这本书更加贴近实际，具备更强的操作性和指导意义。感谢你们对本书的无私奉献与大力支持。

同时，我要特别感谢参与本书出版的所有工作人员。你们的辛勤付出和专业精神，使这本书得以顺利出版，在呈现上更加精美、专业。是你们的努力，让这本书能够与更多人分享供应链管理的智慧与经验。

在本书中，我从多个角度阐述了企业向供应链转型的重要性、方法和路径。在这个过程中，有三个核心观点我想特别强调：

第一，企业向供应链转型不是一蹴而就的，而是一项持续性的工作。供应链管理是一个复杂的系统工程，涉及企业战略、组织、流程、技术等多个层面。企业若想成功转型，必须从多维度入手，全面改革与创新，包括重新定位战略目标、优化组织架构、改进业务流程、引入先进技术等。

同时，还要营造持续改进的文化氛围，以适应不断变化的市场环境，提升自身竞争力。

第二，供应链转型是一项一把手工程。企业高层领导必须深刻认识到其重要性，并亲自推动和参与转型过程。只有高层领导亲自挂帅、部署与督导，才能确保转型顺利推进。此外，高层领导还需在资源配置、政策支持、人才培养等方面给予充分保障，为供应链转型提供坚实后盾。

第三，我对建筑行业供应链的发展寄予厚望。建筑行业作为国民经济的支柱产业，其供应链管理水平对整个行业的发展至关重要。然而，目前建筑行业在供应链管理方面仍存在诸多问题，如信息不对称、资源浪费、效率低下等。因此，我呼吁建筑行业的企业家和管理者高度重视供应链管理工作，加强人才培养与引进，推动供应链管理的创新发展。我坚信，在不久的将来，建筑行业定能实现供应链管理的全面升级与转型。

在撰写这本书的过程中，我深感自己学识的浅薄和能力的不足。特别是在供应链管理这个广泛而复杂的领域中，我个人的专业知识可能无法触及所有方面，导致思考不够全面和深入。因此，我真诚地希望读者能够提出宝贵的意见和建议，帮助我不断完善和丰富这本书的内容。同时，我也希望这本书能够为推动供应链管理发展出一份力，为更多企业和个人提供有益的指导和帮助。

回顾本书的创作历程，我深切体会到团队合作的重要性。没有团队的共同努力与支持，这本书难以完成。在此，我要再次感谢所有参与本书创作的个人和企业，是你们的支持与帮助，让这本书得以顺利问世。同时，我也要感谢我的家人和朋友，是你们的关爱与支持，让我能够坚持完成这本书的创作。

最后，我衷心希望本书能成为企业向供应链转型的良师益友，为更多企业和个人提供有益启示。在供应链管理这个充满挑战与机遇的领域，只要我们不断学习、探索与创新，就一定能实现企业的可持续发展和社会的共同进步。

著者

参考文献

[1] 明源地产研究院 . 成本制胜 [M]. 北京：中信出版社，2013.

[2] 阚洪波 . 合约体系与成本管控 [M]. 北京 : 中国建筑工业出版社 ,2021.

[3] 赛普管理咨询 . 大运营 [M]. 北京：中信出版社，2019.

[4] 宋华 . 智慧供应链金融 [M]. 北京：中国人民大学出版社，2019.

[5] 唐隆基，潘永刚 . 数字化供应链 [M]. 北京：人民邮电出版社，2021.

[6] 冉湖，鲁威元，曹石金，等 . 供应链金融 [M]. 北京：中国铁道出版社，2023.

[7] 艾瑞咨询 .2023 中国供应链金融数字化行业研究报告 [R]. 北京：艾瑞咨询，2023.

[8] 广联达数字建筑供应链研究院 . 建筑供应链数字化转型白皮书 [R]. 北京：广联达数字建筑供应链研究院，2022.

[9] 亿欧智库 .2022 中国建筑行业数字化转型研究报告 [R]. 北京：亿欧智库，2022.